WISHES WON'T BRING RICHES

行動致富

富足人生，不能只靠空想

拿破崙・希爾
NAPOLEON HILL

謝孟庭——譯

拿破崙・希爾基金會正式授權　全新版

唯有發揮信念的力量，

才能召喚「另一個自我」，助自己一臂之力。

Your “other self” comes to your aid

only through the power of your faith.

CONTENTS

目次

序文

拿破崙希爾基金會執行董事　唐・M・格林

一九四一年，拿破崙・希爾寫了一系列共十七本的手冊，揭示了他在一九〇八年時，從安德魯・卡內基（Andrew Carnegie）身上學到的成功法則。希爾當時只是個剛出道的年輕記者，受派前往採訪「美國鋼鐵大王」卡內基，在訪談過程中，卡內基對希爾的談吐刮目相看，因此交付他一項重責大任：研究開創成功人生的關鍵，並寫成一部流傳千古的成功學。接下來二十年內，希爾訪問了多位成功人士，並在一九二八年將研究成果寫成了經典名作《成功法則》（*The Law of*

Success）。一九三七年，他又寫了一本精華版，書名取為《思考致富》（*Think and Grow Rich*）。

希爾沿用了卡內基對這十七項成功法則的稱呼，將一九四一年出版的手冊套書命名為《心智原力》（*Mental Dynamite*），書中除了收錄大量希爾與卡內基的訪談內容，也包含希爾對其各項成功法則的重點分析。不料，書籍出版後，美國便投入二戰，全國民眾一心關注戰事，自然無暇閱讀《心智原力》，領略其中的真知灼見。而今，拿破崙希爾基金會從檔案櫃中翻找出這些書冊，重新出版，期能嘉惠新生代的讀者。

在基金會精心挑選下，本書收攬了《心智原力》系列中的其中三冊，主要分析個人在選定「明確主要目標」（Definite Major Purpose）、擬訂執行計畫之後，應如何透過實際行動達成目標。這些篇章的前提在於個人已經完成思考規劃的前置作業。誠如希爾所言「事前先規劃，做事照計畫」，本書的重點在於訂定計畫之後，該如何逐步落實，讓計畫發揮效用。

在第一章「實踐信念」（Applied Faith）中，希爾摘錄一九〇八年時，他與卡內基針對這項成功法則的訪談內容。卡內基告訴年輕的希爾，如果要投入二十年的光陰研究成功學，實踐信念是不可或缺的元素。他解釋了盲目的信念（Blind Faith）、消極信念及積極信念的差異，以充滿詩意的巧妙比喻說明各種心智能力，並指出唯有發揮實踐信念的力量，排除內心所有恐懼與自我設限，才能自由運用這些能力。行動、毅力與持續實踐是信念的根本，一旦培養出實踐信念，便能吸引無窮智慧（Infinite Intelligence）主導心智，協助個人實現目標。

引述訪談內容後，希爾分享了兩則個人故事，說明自己如何運用實踐信念達成目標。第一個故事發生於美國一九三〇年代的大蕭條時期，當時銀行紛紛倒閉，希爾的財富在一夕間全部蒸發，但他後來了解到，自然界運作的規律與無窮智慧遠比金錢重要，這項體悟讓他心中萌生實踐信念，幫助他咬緊牙關堅持下去。第二個故事非常勵志動人，與希爾的兒子布萊爾（Blair）有關。布萊爾一生下來便沒有雙耳，但希爾發揮實踐信念的力量，最後幫助兒子在無需助聽器的輔助下，也能聽見聲音。

希爾接著探討自我（ego）對開創成功人生的重要性，並揭示控制自我的必要。卡內基曾說過，必須先以信念驅散心中的恐懼與疑慮，自我才能實現理想。希爾分別針對積極控制自我，以及自我受到配偶主導的人舉例，無論情況如何，自我受到控制都是成功的先決條件。希爾最後總結實踐信念的重要，指出實踐信念是「力量最強大的自然法則」，能幫助個人將理想轉化為現實。

第二個成功法則「熱忱」，篇章的一開始，希爾同樣大量引述一九〇八年時訪問卡內基的內容。卡內基說明熱忱是清除負面思緒、讓信念生根萌芽的關鍵。

熱忱反映的是對未來懷抱希望，而希望是培養信念所必需；希望、信念與熱忱都是打造成功人生的必備工具。卡內基也一一列出有礙培養與維持熱忱的因素，例如健康不佳、飲酒過量或使用毒品等。他指出希爾自幼家貧固然是一種逆境，卻也蘊藏了一個機會種子——繼母引導他培養熱忱，這股熱忱激勵他日後成為一名雜誌社記者。

卡內基談到，無論是充滿熱忱或缺乏熱忱，都能夠感染他人，影響一個家庭、一個組織，甚至一家企業。然而，熱忱雖然是一種正向心理特質，但必須受到自律管控，否則可能弄巧成拙。每個智囊團（Master Mind alliance）都應該擁有充滿熱忱的成員，卻也至少得有一位冷靜沉著的成員，才能彼此平衡，不讓熱忱失去控制。

總而言之，熱忱和實踐信念皆扮演著重要角色，有助個人在完成思考規劃後，積極透過行動落實計畫，達成自己訂下的明確目標。

在引述自己與卡內基的訪談後，希爾分享自己的學習心得。他認為熱忱是「積極發揮的信念」以及「化為行動的意念」，能夠將悲觀轉化為樂觀。他解釋平靜和諧的心靈是培養熱忱所必需，並列出許多運用熱忱能做到的事，其中最重要的莫過於轉化負面情緒、幫助內心培養信念。

希爾強調具備溝通能力的重要，因為口語表達是個人展現熱忱的主要方式。他接著以大量篇幅講述自己與「發明大王」湯瑪斯・愛迪生（Thomas Edison）的訪談。從中便能看出愛迪生對研究的熱忱，以及熱忱是如何引領他發明白熾燈泡與「會說話的機器」——留聲機。希爾也為讀者列出培養熱忱的各個步驟，並在第四章的最後對未來寄予厚望，堅信熱忱終將帶領世人邁向更好的明天。

基金會挑選的第三個成功法則聚焦在「行動」，也就是希爾所說的「有計畫的努力」（Organized Individual Endeavor）。第五章同樣以希爾與卡內基的訪談揭開序幕，卡內基分析了領導人才的三十一種特質，並強調果決行動、切勿拖延的重要性。做事要有條理，並且需要明確的目標、計畫以及毅力，持續付諸行動。實現目標的強烈慾望，遠比埋首讀書更為重要。一個人不是天才、不靠天分，也能成功。在訪談的最後，卡內基指出，希爾之後統整出的成功學，不只能為自己與世人帶來物質財富，也能讓心靈更完滿成熟。物質財富本身只會侵蝕人的性靈，財富增加的同時，心境也必須隨之昇華、積累更多智慧。

引述訪談段落後，希爾深入剖析「有計畫的努力」法則。希爾指出世界上只有百分之二的人能成功，原因在於多數人都有一個以上的人性缺點，導致做事思慮不周。他列出多位實踐這項法則的成功人士，表示「有計畫的努力」能戰勝「失敗主義」。他分享了應用「有計畫的努力」法則而一舉成功的故事，其中一人教育水平高，另一個人則沒讀過什麼書，但是兩人都懂得發揮所長，實現目標。希爾點出盤點個人優勢的重要性，鼓勵讀者善用優勢來達成目標。他同時也再次強調「事前先規劃，做事照計畫」。

本書收列的三個成功法則將能引導你將計畫轉換為具體行動。光是想像、期待、做美夢絕對不夠，一定要付諸行動才能成功達陣。拿破崙・希爾說：「空想不努力，財富不落地」，可謂一語道破。

寫在第一章之前

由於這一章的內容博大精深，如果能先建立一些基本概念，較有助於理解。因此，我想先藉這個機會，簡單談談「實踐信念」。

先從「實踐」兩個字談起。

加上實踐這兩個字，是為了清楚區別它與「信念」（Faith）的不同，後者是一般人所理解的信念，而前者專指本章所定義的信念。多數人並不講究「信念」一詞的正確使用方式，許多人想表達的其實是「信心」，卻與信念混用。有些人大談信念的重要，在現實中卻毫無作為，沒有運用信念來追求個人理想或目標。

本章的重點是闡釋「信念」的確切意涵，說明如何實際運用信念解決日常生活的問題。這一章談的是落實在每日生活中、能振奮人心的積極信念，而非純粹的理論或消極信念。

要讓心中充滿信念，其實有一個明確又可靠的方法，這一章的目的便是以淺顯易懂的文字，向各位讀者介紹這種方法。本章不會從神學的角度談信念，畢竟唯有真正有心鑽研的人，才能投入神學研究。我特別做此說明，是為了避免任何學習成功法則的人產生誤解，以為這一章或其他章節有意影響任何人的宗教信仰。

成功學探究的唯一信仰，是有關如何「正確思考」與「好好生活」的信仰，也是一套多元、普世的價值觀，聚焦現實生活中重要的人際關係課題。

我想在此強調，無論接下來提出何種應用信念的方式，我心裡都非常清楚信念的最終源頭。我也許不必特別說明這個源頭是什麼，但仍想藉此機會指出，如果不相信世上存在一個至高無上的造物主（Supreme Creator），便無法培養出「信念」。我也要清楚闡明，在書中使用「無窮智慧」這一詞時，我指的是造物主賦予萬物生命的宇宙力量（Universal Power），造物主正是憑藉這股力量，讓小草展現生機，也創造出「人類」這項最偉大的傑作。

對我來說，無窮智慧可以說是神聖造物主（Divine Creator）的化身；而主導地球上芸芸眾生的一切自然法則，都是無窮智慧的體現。這一章不斷提到的無窮智慧，指的是神聖心智（Divine Mind）中，人類能加以辨認與領會的一部分。我只探討與實際生活問題有關，能用以解釋、分析的因素與具體現象，也只會根據成功人士的已知經驗、他們應用成功法則的方法，來提出相關論點。

我希望各位讀者能對這些概念有正確的認知，避免產生混淆與誤解。

曾花時間認真思考過「信念」這件事的人，應該會同意世界深陷危機之中，無非是因為眾人對於信念的力量不屑一顧——這種心態在隨處都顯而易見。許多人也認為，儘管這個世界面臨挑戰，任何人遭遇問題，也沒辦法透過信念的力量來改善或克服。

這一章的用意並非只想奉勸各位讀者懷抱信念。自人類文明誕生以來，世界便一直鼓勵眾人心存信念，但是少有人想到要記錄一個人如何培養信念，善用信念解決日常生活的實際問題。因此，這一章的目的是首開先例，說明何謂信念與應用信念的方式。各位成功學的讀者必須發揮心智力量，自己悟出其中的深奧道理。如果這一章能引導讀者靜心冥想、用心思考「信念」這件事，就已經算是功德無量，因為一個人唯有誠實檢視自我，從中更了解心智的運作方式，心中才能萌生信念。

每個人的心智都不一樣，對人生際遇的反應也不盡相同，因此，如何有效發揮信念的力量，清除內心負面思緒，為迎接無窮智慧做準備，這一切的實際做法，只有自己最知道，他人並不能代為完成。不過，我倒是能提供一點建議：若能將熱忱與渴望擴大為一股強烈的執念，用來支持自己設下的明確目標，這一股正向力量便能大大加快培養信念的過程。

閱讀本章時，不妨留意卡內基對於明確目標與付諸行動的重視程度。沒有實際行動支持，任何意念都無法成為執念，渴望的強度也無法維持。

我們欠缺的不是力量，而是意志。

People do not lack strength; they lack will.

——維克多・雨果（Victor Hugo）

CHAPTER 1

實踐信念

APPLIED FAITH

這一章的主題被卡內基稱為「成功學的發電機」，意思是實踐信念是一股強大的力量，能幫助個人善用成功法則，發揮最大效益。

在本章針對實踐信念的分析中，卡內基首先說明實踐信念如何協助培養自立自強的精神。自立是重要的根基，少了自立，這本書的其他篇章也很難提供實質協助。

自人類文明有紀錄以來，許多證據便指出舉凡哲學家、心理學家與科學家，都一致肯定世界上存在一股人類能習得的力量，稱為「信念」。人類歷史上更不乏相關證據，在在顯示信念是一股銳不可當的力量；運用信念，便能披荊斬棘、克服一切阻礙。

世上所有偉大的宗教都以信念為本，不過，信念雖然在宗教領域已是老生常談的課題，卻很少有人對其有充分的認識。

綜觀古今，人類經常被奉勸要「保有信念」，但我翻遍史書典籍，卻發現沒有一份讓人信服的歷史紀錄，能告訴世人如何培養信念。

在後續篇章裡，卡內基和我將分享培養信念的方式與做法，並提出有力的證據支持我們的觀點。在探討信念的過程中，我除了分享親身經驗，也會提出個人觀察，分析他人如何善用信念，解決生活中遇到的問題。

接下來的討論也會釐清「信念」與「信心」的差別，並針對強化自信心提出可行與具體的做法，讓這一種信心能在信念的大力加持下，成為一股無堅不摧的力量。

卡內基解釋自己如何應用信念的同時，也首次分享自己能有傲人成就的祕訣，不只有助各位讀者更了解信念的力量，也提供了應用信念的確切方法。

信念對一個人最大的好處，在於協助培養自立的精神，俗話說：「凡是人心所能相信的，終將能夠實現。」所言實在不虛。有一種特定心態能激發熱忱、進取心與想像力，並鼓勵個人設下明確目標，克服眼前的阻礙、貫徹自己的計畫，最終在沒有大風大浪的情況下，順利抵達成功的彼岸。我們將這種心態稱為「自立」，自立與自信心看似相同，但如果深入分析自立發揮最大用處的場合，便會發現自立是遠比自信心更崇高可貴的特質。

一九〇八年，拿破崙・希爾（作者本人）來到卡內基的書房進行訪談，卡內基在受訪過程中分享自己對自信心的看法，就此揭開本章的序幕。

希爾：卡內基先生，您的一番話讓我鼓起勇氣，投入成功學的研究，但我擔心自己自信心不足，無法完成這項重責大任。因此，我想向您請教如何培養信念，才能在研究過程中遭遇困難時，運用信念克服難關。

卡內基：任何不甘於平凡、想有一番成就的人，應該都會提出跟你一樣的問題。我接下來的回答，可以說是十七項成功法則中最重要的一項。你可以稱之為

「實踐信念」，而且別忘了在你的研究中強調，它是一個能賦予個人力量的成功因素。實踐信念是真正實現人人平等，讓所有人都站在同一條起跑線的強大力量。

希爾：卡內基先生，您指的是人人生而平等嗎？您是說，自立自強是一種天生的特質嗎？

卡內基：讓我先澄清一些觀念，否則你可能會和許多人犯一樣的錯誤，以為成功人士天資聰穎，生來便具有他人缺乏的特殊天分。自信心是個人能控制的一種態度，而並非是天生的特質，它可透過後天養成；每個人的自信心強度也各有不同——其中原因我之後再解釋，最高等的自信心來自對無窮智慧的信念，而且能肯定的是，要擁有這種心態，必須先建立與無窮智慧連通的管道，也要對無窮智慧有堅定信念。

培養自信心的第一步是設定明確的目標，也因為如此，許多成功人士和我都將這項成功法則列在其他法則之前。

如果一個人清楚知道自己想要什麼，制定了具體的計畫，也根據計畫採取實際行動，自然會相信成功是必然的結果。相較之下，成天游手好閒、做事猶豫不決或拖泥帶水的人，不消多久就會對自己的能力失去信心，最後一事無成。這是很簡單的道理，並不難理解。

希爾：但是，如果一個人清楚知道自己的目標，訂下了計畫，也實際執行了計畫，最後卻失敗了呢？失敗的經驗不會有損自信心嗎？

卡內基：你這個問題問得真是時候，讓我有機會導正觀念，避免大眾誤解。失敗有個值得一提的好處：每一次失敗的經驗，其實都隱含一個相對的機會種子。綜觀各行各業，分析各個偉大領袖的故事，你會發現他們從失敗中學習、對失敗處之泰然的態度，正是他們今日成就斐然的關鍵。

人生中暫時的挫折與失敗，能引導我們淬鍊出智慧與力量。

千萬要記得，除非一個人相信自己注定失敗，否則沒有人會永遠失敗。

人的心智非常強大，幾乎不受任何限制，一般人卻經常自我設限。能為心智排除各種限制的力量正是「信念」，而一切信念的源頭都是對無窮智慧的信念。一旦你體悟了這個道理，便毋須再擔心自信心不足，因為屆時你將擁有滿滿的自信。歷史上每一位偉大的哲學家，都曾說過類似的至理名言。

希爾：人生難免會遭遇失敗。不過，大部分的人並不是學問淵博的哲學家，面對失敗時，不可能相信每一次失敗中，都隱含相對的機會種子。我想問的是：一個人遭遇失敗，自信心深受打擊時，應該怎麼做？要如何重拾自信？

卡內基：你提出的問題看似困難，其實一點都不複雜，讓我簡單解釋給你聽。不被失敗擊倒的最好方法，就是訓練自我心智，做好面對失敗的心理準備。要做到這點，必須養成完全掌控心智的習慣，學會善用心智達成任何明確的目標，不管是微不足道的例行公事或艱鉅的任務都一樣。

我知道你接下來想問什麼，所以我不妨自問自答。我猜想你一定想知道「一個人要如何完全掌握心智？」而這一題的答案就是成功學的精髓，一個人必須將所有成功法則融會貫通，在生活中身體力行，才有可能成為心智的主人。第一步必須先從設定「明確主要目標」開始。

第二步則是組成一個「智囊團」。

第三步是鍛鍊心智，培養「實踐信念」的心態，也就是我們現在討論的重點。信念能幫助其他成功法則發揮效益，而且每個人都能培養信念、善用這股力量。

在探討培養信念的方法之前，我想先告訴你，世界上有一種稱為「和諧吸引力」的法則，能產生同性相吸、物以類聚的效果。一個人對實現人生目標的強烈渴望，在這個法則的加持下，能有效激發心智，最終在有意或無意之間，提高心智對成功的敏感度。許多成就非凡的人都有一個習慣，他們除了有明確的人生目標，也會將內心的渴望提升為一股執念，歷史上許多知名人物都是如此，我之後會一一分享。

希爾：卡內基先生，要讓「渴望」變成您所謂的「執念」，實際上該怎麼做呢？

卡內基：培養執念的方法，在於訂定一個明確的目標或計畫，同時極度渴望這個目標或計畫能實現。這時必須借助「反覆思考」的習慣，只要全心全意地想著自己的計畫或目標，不斷重複如此過程，便能養成這個習慣。

如果支持計畫或目標的渴望夠強烈，便能在心中描繪出理想的願景，心智沒有其他要緊的事情得處理時，思緒便會經常聚焦在這幅願景圖像上。這就是執念形成的過程。

越常反覆思考、談論某個想法或計畫，它就越容易變成一種執念。在這方面，集結智囊團成員進行圓桌討論非常有幫助，能將渴望化作執念，活絡自己的心智泉源。

一個人如果不斷向自己灌輸某個想法，即便並不屬實，他最後也會深信不疑。你一定聽過這種說法，而事實的確如此。透過反覆加深印象，我們便能讓心中渴望的火苗，變成旺盛的執念之火。

以口語表達的任何念頭，只要透過智囊團討論等其他方式，每天不斷重複、加深印象，最終便會被心智的潛意識接收，再經由合理的方式轉化為現實。

所有偉大的領導者能一舉成名天下知，開創成功富足的人生，祕訣就是依照我剛才所說的方式，對自己的心智下指令。我們的心智就像一個人，能夠接收、執行命令，不論心中的主要想法是不是自己的直接指令，心智都會視為優先要務，率先處理。因此如果一個人所思所想都是困頓與貧窮，這些意念便會被實現，結果即是窮苦的一生。潛意識不會試圖修正或改變意念的本質，只會按照藍圖執行，而且無論一個人是否知情，心智都會自動實踐內心的主要想法。

希爾：卡內基先生，如果我的理解沒錯，只要清楚知道自己想做什麼、能做什麼，不去想執行計畫時可能遭遇的阻礙，便能培養自信心，是不是這樣？

卡內基：你說得一點都沒錯。我以前當搬運工的時候，曾聽到另一位工人說：「我恨死貧窮的生活了，我實在無法忍受！」他到今天還是個搬運工。他一心只想到貧窮，他的潛意識因此給了他貧窮的一生。要是他說的是：「我非常喜歡財富，未來必定會發財致富。」我想，結果一定會有所不同。

「心想」確實可以「事成」。心智會透過最簡單、最省時省力、最務實可行的方式，將內心的主要意念化為相對應的現實，這是不容懷疑的真理。

兩人以上集結彼此的心智力量，為了實現明確目標而同心協力時，能夠更快達成目標，成效遠勝過各自埋頭努力。

一家企業的各個主管在思考、說話、行動時，若能秉持和諧共事的精神，多半能夠成功實現目標。透過不斷談論、思考自己渴望的任何事物，最後確實能如願以償。任何起心動念都是有形的事物，而且帶有強大的力量。一個人確切知道自己的目標，透過口語將意念表達出來時，意念會蘊含更強大的力量；共同思考、說話與行動的一群人，以言語表達心中的意念時，這股力量更是銳不可當。

希爾：您說的我都能理解，聽起來也非常合理。這麼說的話，一個群體甚或一個國家，如果擁有明確的共同目標，在思考與行為上步調一致，便能很快發現達成目標的方法和管道，這就是您的觀點，對嗎？

卡內基：這不只是我的觀點，也是一個事實。如果報紙開始報導有關戰爭的消息，民眾在日常生活中經常想到戰爭、談論戰爭，國家很快就會捲入戰爭。內心所想，最終都會成為現實，這個道理不只在個人身上成立，也適用一群人、一個族群或國家。

今天美國是世界上最富裕、最自由的國家，原因之一（又或者這是唯一的原因）在於我們所想、所說、所做的一切，無非都是自由與財富。我們的國家可說是生於對自由的渴望，我們的史書充分反映自由的精神。我們對自由的討論未曾停止，也因此我們享有最大程度的自由。如果大家不再談論自由、想著自由，這項權益便會消失。

如果你想知道思想與言論如何轉化為現實，只要回顧美國歷史，研究《獨立宣言》簽訂前夕所發生的事件，就能了解箇中道理。你會發現許多讀歷史的學生都忽略的重點——也就是讓開國元勳喬治・華盛頓（George Washington）的軍隊不畏裝備精良、訓練有素的敵軍，一舉拿下勝利的真正力量。最初，這股力量不過是幾個人心中懷抱的明確目標。隨著他們籌組的智囊團發揮效用，這股力量不斷茁壯，最終賦予了美國至今人人享有的自由與自主。

創造這股力量的大功臣要屬約翰・漢考克（John Hancock）、山繆・亞當斯（Samuel Adams）與理查・亨利・李（Richard Henry Lee），三人透過書信互通有無，分享對於殖民地爭取獨立自由的觀點與期待。

在過程中，山繆・亞當斯突發奇想，指出當前最需要的是有效協調工作、整合資源，十三個殖民地的領袖與重要人士若能彼此通信，也許有助實現此一目標，共同為眼前的問題想出解決方法。

隨後，三人組成了「通訊委員會」（Committee of Correspondence）。這項舉動讓所有殖民地的領袖都集結起來，也讓智囊團的力量更加龐大。他們沒有停下腳步，持續爭取自由獨立。最後，深具歷史意義的大陸會議[1]在費城的獨立廳（Independence Hall）召開，五十六位殖民地代表共同簽署了《獨立宣言》，美國於焉誕生。他們的作為都是受到積極信念激勵的結果。

附帶一提，在會議召開前夕，山繆・亞當斯與約翰・漢考克急忙找來幾位熟識友人，進行祕密會議，為的就是採取必要步驟，確保自己的明確目標能轉化為實際行動。主席宣布會議開始後，山繆・亞當斯將房門鎖住，把鑰匙放進口袋，神色平靜地告訴在場所有人，各殖民地代表組成大陸會議是當務之急，表示如果無法就大陸會議達成共識，任何人都不准踏出房間一步。這也充分展現了他的積極信念。

在亞當斯與漢考克極力鼓吹下，其他在場的人也連聲附和，同意由通訊委員會主導第一屆大陸會議的籌備工作，會議預計於一七七四年九月五日於費城召開，比《獨立宣言》的實際簽署時間還早了兩年。千萬要記得這一天，也要記得促成大陸會議的兩位有志之士，畢竟當初如果沒有達成開會的決議，殖民地代表後續也不會簽署《獨立宣言》。如此果敢的作為，只靠消極信念絕對做不到。

由漢考克、亞當斯與亨利・李一手成立的智囊團持續運作，成員在後續兩年維持通信往來、舉行祕密會議，不斷在各殖民地爭取獨立自由，最後終於促

1 編按：大陸會議（Continental Congress），十八世紀中葉，英國與其北美殖民地之間的經濟爭議不斷，一七七四年，號召北美各個殖民地的殖民地議會派出代表，共謀應付對策。一七七六年七月，美國發表《獨立宣言》，大陸會議順勢成為北美十三州的共同領導機構。一七八一年《邦聯條例》通過，大陸會議正式告終。

成一七七六年在費城的大陸會議，寫下歷史新頁。當時智囊團的規模已擴大為五十六位殖民地代表，他們共聚一堂，召開為期數日的會議，進行當代文明史上最意義非凡的圓桌討論。

一七七六年六月七日，理查・亨利・李認為重要討論皆已完成，採取行動的時機已然成熟。他從座位上起身，向主席請求發言，接著看向一臉吃驚的與會代表，提出了一個議案：「各位朋友，我在此正式提議宣布，這些聯合起來的殖民地在本質與權利上，都屬於自由獨立的國家；自此之後，殖民地不須再對英國王室背負任何效忠義務，殖民地也與大不列顛諸國徹底斷絕一切政治關係，而且理當斷絕。」

在積極信念的支持下，李所提的議案，竟然催生出全世界最偉大的國家！這一項議案所展現的精神，也讓華盛頓將軍的部隊士氣大振、充滿力量，能戰勝看似難以克服的阻礙。如果你仔細研究事情始末，便會發現這些建國志士為了一項信念造就偉大的領導者，恐懼創造畏縮的追隨者。

Faith develops a great leader.

Fear creates a cringing follower.

艱鉅又危險的任務，花費近兩年的時間，全心投入鍛鍊心智、培養積極信念。

我提到這個歷史事件，是因為所有偉大的領袖都會以類似的方式訓練心智，為異乎尋常的挑戰做準備。自覺精神不會憑空出現，而是努力的成果。這樣的精神存在山繆・亞當斯、約翰・漢考克與理查・亨利・李的心中，也在五十六位代表簽署了《獨立宣言》之後，被進一步發揚光大。

這就是培養自信心的方法！這個例子說明了如何藉由行動培養心中的信念。你不妨仔細分析一下，也別忘了設定明確目標之後，必須有實際作為。少了行動，計畫和目標都沒有用處。讓美國踏上獨立自由之路的三位先賢，正是驗證了這些成功法則。任何企業或任何領域的領導者為了追求成功，也必須依循同樣的原則。讓美國從眾多國家脫穎而出的自決精神，其實人人心中都有，只是美國人將其發揚光大而已，我想這麼說並不為過。

希爾：如何將您剛才所說的法則，實際應用在生活中，我想這是學習成功學的人會想知道的事。您能不能談談自己如何運用這些法則，成功打造出鋼鐵工業帝國？

卡內基：這個問題非常好，接下來我就分享自己將所有資產投入美國鋼鐵公司的過程，因為創立這家公司是我最輝煌的人生成就。

在創立公司更早之前，我就已經培養出自立自強的精神。當我決定整併手中持有的美國鋼鐵公司股份後，接下來便是應用成功法則，實現自己的理想目標。任何一個也希望運用自立開創成功的人，也必須依循這樣的過程。

我首先運用了「設定明確目標」法則，決定將持有的全部鋼鐵工業股份合併至一家公司，之後將公司脫手賣掉。做這個決定需要再三考量，因為如果我真的將公司賣掉，就等於宣告從業界淡出，之後也需要尋找新的事業契機。

決定出售公司之後，我的第二步是找來幾位智囊團成員，花時間深入分析，一起討論我名下資產的價值，才能判斷股票的合理出售價格。我們也必須思考如何找到願意收購資產的買主，規劃與潛在買主洽談的方式與管道，同時不能讓買主知道我們未來想出售公司，否則會造成不利影響。

這個計畫是智囊團成員和我一起腦力激盪的心血結晶，我們最後達成共識，決定調整方向：與其擔任賣家，主動在市場上出售資產，不如等買家自己找上門，提議收購我們的資產。

要達成這個目標其實不難。我們先篩選出可能成為買主的一群華爾街銀行家，之後在紐約市辦了一場晚宴，邀請智囊團統籌查爾斯・施瓦布[2]（Charles Schwab）與這些銀行家擔任嘉賓。

在晚宴上，我們安排施瓦布發表演說，談到如果依照預定計畫，合併旗下所有鋼鐵股份，成立一家公司，將來一定無可限量。施瓦布具體勾勒出未來的美好願景，也在演講中確切提到後續將以「美國鋼鐵公司」（United States Steel Corporation）為名，成立一家公司來接手資產。

施瓦布說話的方式，讓人覺得這是他靈機一動想到的點子，因為他一再強調剛才提出的計畫，唯有經過我本人同意才能進行，但在場嘉賓完全不知道，他早已得到我的同意。

他的演講引發熱烈迴響，晚宴一直延續到深夜才結束。施瓦布離開之前，包含J P摩根（J. P. Morgan）等在座的銀行家，紛紛要施瓦布保證一定會向我提出這個計畫，而且絕對要讓我點頭同意才行。

後來交易順利談成，我也拿到了資金。過了很久之後，那些銀行家才發現，我們早在幾個月前就精心安排了施瓦布發表演說。然而他們卻告訴我，如果我當時將資產價格再提高一億美元，他們也會照單全收，反將了我一軍——我也只能

2 編按：查爾斯·施瓦布（Charles Schwab）為嘉信理財集團之創辦人。二〇〇八年，查爾斯·施瓦布卸下嘉信理財集團的執行長職務，但仍為嘉信集團主席與最大股東。

摸摸鼻子認了。

希爾：從這個故事中，我發現您相信自己一定能順利出售資產，甚至在不確定最終買主的時候，就已經規劃好接下來的每一步。是不是這樣？

卡內基：沒錯，我已經事先想好了每一步，我們其實大概也知道最終買主會是誰。我們在規劃這筆交易時的確很用心，不過相比之下，我們在經營鋼鐵公司，進行未來的商業布局時，其實更為謹慎仔細。

當信念背後有明確的計畫支持時，就能站得更穩、發揮更大的效益。別忘了在成功法則中強調這一點，實踐信念絕不會來自亂槍打鳥。我對盲目的信念一無所知，我所知道的信念，一定有事實證據或合理假設支持。智囊團的一個主要目的，在於提供個人可靠的知識與資訊，以利研擬計畫。掌握正確、充分的資訊時，你會發現培養信念一點都不難。

希爾：您之前說過「最高等的自信心來自對無窮智慧的信念」，但是這跟您剛才說的似乎相牴觸。如果您不相信盲目的信念，只相信能夠被證明的事實或知識，我們又對無窮智慧沒有具體了解，您要如何解釋對無窮智慧的信念呢？

卡內基：如果你認為人類無法明確知道無窮智慧真實存在，你就錯了。無窮智慧的存在和運作原理，其實比任何事實都容易證明，我簡單告訴你為什麼。

首先，一切自然法則的運作有序，以及我們對宇宙的所有認識，就足以證明世上有一個涵蓋全宇宙的神聖計畫，默默主導著萬事萬物，渺小的人類並不能參透這種至高無上的智慧。

從最細微的雜草，乃至於人類自身，地球上的芸芸眾生，都受到這種無上智慧的影響。

恆星與行星數百年後的確切位置能被事先估算、推測，在星體可預測的移動軌跡與位置中，我看到了無窮智慧的蹤影。

兩個微小的細胞，各自都不超過針頭的大小，結合之後竟能孕育出人類這種神奇的生物體。這兩個微小分子蘊含能量與物質，具有發展智能的潛力，在無數個世代以前，造就了遠古人類。在這樣的現象中，我看到了無窮智慧的蹤影。

一顆橡實只要有一把土壤，便能長成高大的橡樹，這也是無窮智慧的魔法。樹根緊緊嵌入地面，因此能不畏風雨吹打，不須移動半吋，卻能獲得成長的養分，大自然展現的巧斧神工，無不是無窮智慧。

橡樹的葉片外型完美對稱，並具有讓人嘆為觀止的呼吸系統，能從空氣中汲取一點養分，滿足生長所需，這些巧妙的自然設計，都來自無窮智慧。

透過物理與化學定律，許多證據都顯示物質無法被創造或催毀，但能在不同型態之間移轉、流動，這也是無窮智慧的安排。

在我經營的鋼鐵工廠裡，鋼鐵中的原子，以及將金屬鍊成鋼鐵的過程中，我也能找到無窮智慧的蹤跡。

世界上有許多理論無法被證實，但無窮智慧並不是。我相信無窮智慧也存在我們的大腦中，我們用來思考與推理的力量，僅是無窮智慧的一小部分而已。

要相信無窮智慧並不難，因為環顧四周，我們生活中的一切盡是無窮智慧存在的證據。我們吃下肚的每一口食物、身上穿的每一件衣服，都來自這片土地的資源，我們不費吹灰之力享有的一切，光是憑藉人類自己的力量並不能做到。不只如此，賜予人類這一切的無窮智慧是如此豐沛，不只滿足了人類所需，也孕育了其他動物，以及能力較不足、無法自由取用資源的生物，證明了無窮智慧也具備全知智慧（Infinite Wisdom）。

既然談到無窮智慧，你不妨也想一想，或許正是無窮智慧的全知，讓我有能力創造財富，也讓你我能夠相遇？這些安排，都是為了將一套具體可行的成功法則帶到世界上，幫助世人領略，只要學會善用，便能開創成功的人生。我希望你能仔細思考這件事，因為無窮智慧確實存在我們的心中，而且會透過最自然、合理的機制，實現造物主為每個人安排的計畫。學會從這個觀點看事情之後，你就更能發揮信念的力量，完成我交付的任務。沒有這般信念，眼前工作將變得困難重重，甚至難如登天；秉持信念，則任何挑戰都能迎刃而解。

你之前提到，我給你的這項任務需要高度自信心，你不確定自己能否勝任。好了，現在我跟你分享這個觀點，如果你能接受並進一步實踐，一定能在過程中深受啟發，獲得比自信心還強大的力量。你的心中會有源源不絕的信念，而有了信念加持，即使工作還沒真正開始，也已經成功了一半。

我由衷希望你能敞開心胸，接受信念的引領，因為我交付你的工作，需要投入至少二十年的研究。在這段期間內，你的付出都是無償勞動，不太可能換得任何直接收入，因此這份工作需要信念支持。最終成果也會證明我將任務託付給你，是不是正確的決定。如果我看人的眼光準確，你便能順利完成這份工作，統整出一部成功學，全世界會因你的貢獻而更加美好，你最後也會變得富有，一輩子不愁吃穿。

希爾：卡內基先生，感謝您委婉指正我的觀念。不過，容我說明一下，我請您解釋自己對於無窮智慧的信念，絕對不是因為我自己不相信。我只是希望聽聽您的見解，這樣就能記錄下來，與更多有志鑽研成功學的人分享。我很慶幸自己提出了這個問題，因為我現在知道該如何培養自立了。您說信念是心智的靠山，我也非常認同。

雖然我涉世未深，不懂什麼人生大道理，但是您剛才提到許多無窮智慧存在的證據，我都能理解。您剛才分享的時候，我突然想到，人類的大腦有複雜的運作系統，能夠接收與傳達想法，其實就是無窮智慧的最佳證據，也說明了無窮智慧的確是思想的力量泉源。如果您的無窮智慧理論屬實，那麼遭遇各種人生問題時，最好的解決方法和資源，其實就在我們的心中。這麼說是否與您的看法一致呢？

卡內基：說得非常好，而且你的思考速度讓人驚豔！既然你已經領悟了這個道理，現在我想帶你了解心智的內部運作，你也能一覽人類心智蘊含的各種豐富資源。

一旦你清楚了解心智的能力所及，便能培養出自立自強的精神，進而善用心智的各種力量，滿足生活中的一切需要。我也相信當未來遭遇問題，無法只依靠理性解決時，你一定能敞開心胸，接受無窮智慧的指引。

我們的心智蘊含許多無價的寶藏，讓我一一告訴你：

首先，心智是一個人唯一能完全掌控的事物，這不只是事實，也是心智最重要的特點。造物主賦予人類如此寶貴的權利，為的是向世人揭示：「心智是人類最有價值的資產」。擁有權利的同時，我們也有責任好好培養心智力量，學習如何善用。

除了對心智的全權掌握，人類心智的另一個重要特點是具備良知，能引導我們善用心智蘊含的強大力量。

心智有一套能自由開啟或關閉的系統，因此能逐一過濾所有外來的雜念與不速之客，這一點非常重要。

此外，心智顯然也能夠透過「潛意識」與無窮智慧連通。這個通道的設計非常巧妙，除非有信念開路，否則心智無法隨意開啟通道。不過，無窮智慧必須與人心溝通時，能不經這個人的同意，自行開啟通道。人類能掌控的部分僅限於心智的意識區。

心智具有想像力，因此能想出各種方法、計畫，將個人的期望與目標轉化為現實。有人曾說：「想像力是形塑靈魂的力量。」雖然我不敢苟同，但有證據指出，想像力是形塑個人意識的力量。

心智也有激勵個人的力量，能產生渴望與熱忱，在想像力的催化下，引導個人採取行動，落實計畫與目標。

另外，心智具有意志力，能持續供應實踐計畫與目標的動力，進而給人戰勝恐懼、克服挫敗與阻礙的滿滿力量。

心智也擁有發展信念的能力，信念能暫時抑制理性思考與意志力，將大腦的運作全盤交由無窮智慧主導。如果你能徹底領會這件事，也差不多掌握了培養信念的方法。

在智囊團原則的運作下，個人的心智還能透過第六感，與他人的心智直接連結，因而能受到他人心智的啟發，不只能刺激想像力，也讓自我心智如虎添翼。

心智也具有推理能力，能夠結合事實與理論，提出假設、想法與計畫。

心智也能夠進行演繹推理，針對過往經驗進行分析，進而推導未來發展。這一特點說明了哲學家為何要爬梳歷史，才能預見未來。

心智能夠選擇、修改或控制思緒的本質，一個人因此能夠形塑自我人格，也能決定心裡有什麼樣的念頭。

造物主也為心智設計了一個強大的歸檔系統，能接收、記錄與存取心中有過的所有念頭，系統的運作靠的便是「記憶力」。這個功能絕佳的系統還能自動將思緒依關聯性分類建檔，因此想起某一件事情時，也會聯想到相關的事物。

心智具有表達情緒與感受的能力，因此能隨意命令身體做出任何行動。

心智能夠在幕後悄悄運作，完全不動聲色，因此無論什麼情況都不會被他人窺見。這是多厲害的力量啊！

心智具有學習、統整與儲存無限量知識的能力。

心智能幫忙維持身體健康，也有助修復與治療各種生理疾患，讓身體處於最佳狀態。

心智自己會主導人體神奇的消化系統，指示身體將吃下肚的食物轉換為養分，維持生理機能。

心智也會自動管理心臟的運作，透過血液將養分傳遞到需要的地方，並帶走身體的代謝廢物與老舊細胞。

心智具有自律的能力，能養成任何好習慣，或改掉、戒除任何壞習慣。

心智也是人類透過祈禱，與造物主對話的地方。只要暫時放下意志力，並透過信念開啟連接潛意識的通道，便可與造物主對話。

人類為了讓生活更便利、提高生活品質，所提出的一切想法與發明、開發的所有工具與機器，都是心智的產物。

幸福與不幸、貧窮與富裕的人生百態，都由個人的心智決定；心中充滿著什麼樣的想法，心智便會全力實現。

心智是一切人際關係的源頭，能建立友誼，也能樹立敵人，端看個人如何使用。

雖然心智有時無法控制種種外來因素與環境，但能夠築起防護牆加以抵禦。

在合理範圍內，心智不受任何限制，除非個人因缺乏信念，而對自己設下百般限制。「凡是人心所能相信的，終將能夠實現」，此話確實不假。

心智具有自由轉換情緒的重要能力，因此必須預防心智受到永久損害。透過睡眠，心智能暫時忘掉一切，在短短數個小時內養精蓄銳，準備重新出發。

我們越勤加鍛鍊心智，它就會越強壯、越可靠。

心智能將聲音轉化為音樂，能讓身心歇息片刻、獲得滋養。

在地球上，心智能在一秒的剎那之內，傳送人類說話的聲音。

過去只能長出一片葉子的雜草，能在心智的運作下長出兩片新葉。

心智能打造出印刷機，讓知識躍然於紙上。從一端放入紙捲後，短短幾秒內，便能從另一端拿到印刷精美的書稿。

心智能建造幾百公尺高的摩天大樓，也能用纜線編成的繩索建造吊橋，橫跨寬廣的河流。

心智能召喚日光，只要按一下開關，便能照亮四周。

心智能將水轉化為蒸氣，再將蒸氣轉化為電力。

心智能控制熱的強度。

心智能藉著將兩塊木頭彼此摩擦，生火取暖。

心智能拉奏馬尾毛製成的琴弓，讓動物小腸製成的琴弦震動，發出美妙樂音。

心智能運用恆星的相對位置，準確找出地球上的任何位置。

心智能善用地心引力法則，想出上千種省力的方式。

心智能打造出發電的機器。

心智能建造出飛機，載著乘客在高空中安全飛行。

心智能打造出一部以光束穿透人體，拍攝骨骼影像，卻不會造成身體損傷的機器。

心智能將叢林化為平地，將沙漠轉變為生機盎然的綠地。

心智能將海浪的力量轉化為電力，驅動機器運轉。

心智能造出摔不破的玻璃，能用木漿製出穿在身上的衣服。

心智能將失敗的絆腳石，轉化為成功的墊腳石。

心智能設計出偵測謊言的機器。

心智能用最短的圓弧線段，準確測量任何圓形。

心智能用真空技術密封任何食物，達到永久保鮮。

透過一部機器與一塊蠟，心智便能記錄任何聲音，並再次播放，連人類的語音都不例外。

透過一塊玻璃和一張賽璐珞[3]片，心智便能記錄與重現任何顏色或肢體運動。

心智能創造出可以在空中飛行、在水面或水底潛行，或是在地面上奔馳的機

---

3 賽璐珞（Celluloid）是一種合成樹脂，早期用於桌球、眼鏡架等物品上，然因為有易燃、穩定性差等問題，已逐漸被取代。

器。

心智能打造出強大的機具，深入濃密的森林進行開發，將樹幹如玉米桿般輕易推倒。

心智能建造出挖土機具，在一分鐘內鏟起數噸的土壤，遠勝過十名工人一天能搬運的總量。

心智能善用地球的北磁極與南半球，並搭配指南針，準確地判斷方位。

縱然心智的力量讓人嘆為觀止，世界上多數人依然畏縮不前，生怕遇到一點阻礙，但困難都是自己腦中的想像。人類最大的敵人，其實是內心的恐懼！

即使坐享物質過剩的富足生活，我們卻仍然害怕貧窮。

即使上天賦予我們一套神奇的系統，能自動維持生理機能的運轉，我們卻擔憂生病苦痛。

即使他人對我們沒有一句批評，所有反對聲音都是自己的想像，我們卻害怕他人的負面評價。

即使深知自己的所作所為足以維繫各種人際關係、維持與他人的友好情誼，我們仍害怕失去親人或摯友的關愛。

我們害怕老去，卻忘了年紀越長，智慧與眼界也隨之增長。

我們害怕失去自由，卻忘了只要與身旁的人圓融相處，便是自由。

我們害怕死亡，卻忘了人終有一死，做什麼都無法控制。

我們害怕失敗，卻不了解其實每一次失敗，都蘊藏一個相對應的機會種子。

我們也害怕閃電，直到富蘭克林（Benjamin Franklin）、愛迪生，以及勇於掌控自我心智的少數英才，向世人證明閃電不過是一種能量形式，而且還能加以運用。我們往往因為這些不必要的恐懼，對自己設下各式各樣的限制，緊緊關上了心靈之窗。

我們知道人類是地球上的萬物之靈，卻未能反省自己。從空中飛的鳥群、叢林中的野獸身上了解到，造物主自有一套神聖的計畫，即使是最愚鈍的動物，也擁有充足食物與一切生存所必需，因此任何恐懼皆無必要。

我們抱怨缺乏發展機會，大肆批評勇於主導自我心智的人，卻不知道每一個心智成熟的人，都有權利、也有能力得到自己夢寐以求的事物，實現個人理想。

我們害怕疼痛與不適，卻不了解疼痛其實是造物主的暗示，提醒我們有邪惡之事出現，得盡快解決。

我們因為擔心害怕而向造物主禱告，傾訴芝麻綠豆大的小事，不知道自己其實有能力、也應當自行解決。後續結果不如己意時，我們便放棄認輸、信念盡失，忘了我們也應該懷著感恩的心祈禱，感謝上蒼賜予生命中的一切。

我們將受上蒼啟發而創作的發明，轉化為摧毀世界的工具，還以「戰爭」兩字輕描淡寫帶過。之後「因果法則」祭出懲罰，讓國家經濟陷入蕭條時，我們卻又怨聲載道。

秉持信念則左右逢源；心懷恐懼則窒礙難行。

Faith encourages all that is right.

Fear encourages all that is wrong.

我們取笑叢林動物是「愚笨的野獸」，卻沒發現動物就算真的「愚笨」，也不會發動戰爭、讓自己陷入經濟衰退。

我們任憑嫉妒、慾望、貪婪、羨慕、色慾、恐懼玷汙內心的淨土，接著納悶信念為何遲遲不伸手相助，渾然不知信念絕不與這些惡行往來，就如油與水不相溶解。

你問說：「一個人如何培養信念？」我這就告訴你怎麼做。培養信念的方法就是將有礙心智運作的敵人逐一清除。清除內心的負面想法、恐懼、自我設下的限制之後，信念便油然而生，充盈心中。就是這麼簡單！不相信的話，你自己試試看，就能領悟其中真諦。

我要再次強調，培養信念不是什麼玄妙複雜的事。只要讓信念有空間萌發，不需要任何儀式，信念也會不請自來。與其一直煩惱如何培養信念，不如馬上身體力行。還有什麼方法比這個更簡單？

我們以神之名勸諭他人、虔誠禱告，卻很少積極實踐祂的聖訓，忘了只要心存信念，就能化解任何問題。我們以神之名建立敬拜的體系，卻在敬拜時內心不潔，充斥各種恐懼與預設的限制，但神清楚告訴我們，這些都是庸人自擾。

也許你覺得我說話太直截了當、一針見血，但這正是我的本意，因為世人需要一記當頭棒喝，才能領悟自己需要、想要的一切，其實近在咫尺，幾乎是唾手可得。眾人該做的只是駕馭自己的心，善用心智的力量！這件事無法問別人，只能靠自己。想要過著自由自在、富足幸福的生活，只能從自己的心智裡找方法，心智是我們唯一能全權掌控的事物。

務必將這番話傳達給有志學習成功法則的人，而且一定要用同樣有力的措辭表達。不用在意那些與我意見相左的人，但是對於有心領略真理，願意學以致用的人，一定要毫無保留地傳達我的訊息，盡可能幫助他們。

每隔一段時期，世界上便會出現這麼一個人，不只能成為自我心智的主人，還能善用心智造福人類。眾人因此發現了一名曠世奇才，一個新世代的愛迪生、亞里斯多德或柏拉圖，或是在某個實用領域的偉大思想家與實踐家。

義大利工程師**馬可尼**（Guglielmo Marconi）駕馭了心智，運用心智力量發現了無線通訊的原理。

愛迪生善用自我心智，發明了世界上第一個白熾燈泡，以及一百多種實用工具，造福人類社會。

哥白尼（Nicolaus Copernicus）與義大利科學家**布魯諾**（Giordano Bruno）掌握了心智的力量，發明了世上第一個天文望遠鏡，讓人類能突破肉眼的極限，觀察距離地球幾百萬公里的宇宙，一窺星空的奧祕。

哥倫布（Christopher Columbus）駕馭了心智，發現美洲新大陸。

萊特兄弟（Orville and Wilbur Wright）掌握了自我心智，給了人類一對翅膀，能在空中自由翱翔。

約翰・古騰堡（Johann Gutenberg）駕馭了心智，發明了活字印刷術，讓書本廣為流通，我們也因此能保存前人的珍貴經驗，傳承給下一代。

美國發明家**羅伯特・富爾頓**（Robert Fulton）掌握了心智，建造出第一輛蒸氣船，讓人類能駕馭海洋。

亨利・福特（Henry Ford）運用心智，生產出第一輛快速又可靠的車子，而且價格實惠，連普通百姓都買得起。

美國第二十六任總統**老羅斯福**（Theodore Roosevelt）掌握了心智，促成巴拿馬運河通航，成為美國沿岸的安全防護網，能抵禦他國的軍事攻擊。

伊萊・惠特尼（Eli Whitney）駕馭了個人心智，發明出新式軋棉機，帶動美國南方經濟發展，為人民提供生活保障。

有「美國民謠之父」之稱的作曲家**史帝芬・佛斯特**（Stephen Foster）雖然英年早逝，卻成功掌握心智，帶給世人撫慰心靈的雋永歌曲。

思想家兼文學家**愛默生**（Ralph Waldo Emerson）運用心智，寫下《論補償》、《自立》等名篇，豐富了世人的思想。

牛頓（Isaac Newton）掌握了心智，提出萬有引力定律，發現在引力作用下，恆星與行星在宇宙中有固定位置，運動軌跡也互相關聯。

山繆・亞當斯、**約翰・漢考克**與**理查・亨利・李**，駕馭了心智的力量，掀起一場歷史性革命，讓美國成為自由意志的沃土。

波斯詩人與數學家**奧瑪・開儼**（Omar Khayyam）掌握了自我心智，寫下四行詩集《魯拜集》（Rubaiyat），留給後世富含哲思的優美詩篇。

塞繆爾・摩斯（Samuel Morse）駕馭了個人心智，發明了電報系統（編按：摩斯電碼）；**貝爾**（Alexander Graham Bell）也善用心智的力量，發明出電話。

塞勒斯・麥考密克（Cyrus McCormick）掌握自我心智，發明了收割機，對當代農業的發展貢獻甚大。

美國鐵路大亨**詹姆斯・希爾**（James J. Hill）成功駕馭心智，打造了宏偉的鐵路系統，貫通美國東西兩岸的交通。

如果你不介意我老王賣瓜的話，我也算是掌握了心智的力量，為美國打造了美國鋼鐵公司。

這些家喻戶曉的偉人，都是憑著信念而白手起家、一舉成名的例子。從這些傑出的成功人士身上，我們能學到一件很重要的事：有了明確的目標，加上具體的行動計畫支持，就能培養信念與自立自強的精神。

如果想開始培養信念，最好的方式是選定一個目標，接著立刻運用各種可行方法，為了達成目標而努力。做事拖拖拉拉和信念無法共存。

人類最大的缺點，在於無法好好掌握心智、善用心智的力量。希望在不遠的將來，某一個人，也許是一個名不見經傳的人，能嶄露頭角、脫穎而出，成為自我心智的主人，並激勵所有人更上層樓，充分善用個人的自由與自主權。

也許在某個地方，確實有這麼一個人正在砥礪心智、養精蓄銳。此刻的他可能感到灰心，面臨困境、挫敗等人生考驗，就如過去偉大的思想領袖，都得經歷一番磨練，才能成就大業。

美國做為一個文化大熔爐，未來可能有更多來自不同背景的人，成為國人的精神領袖，激勵大家善用俯拾皆是的機會，開創不凡成就。

這些人才雖然尚未被發掘，但是在他們的帶領下，社會將會有：

更完善的教育制度。

更講求務實的宗教體系。

更廉潔正派的政治圈。

更安全的道路與飛航交通。

更和諧友善的勞資關係。

更有競爭力的農耕與產銷工具。

更能有效改善酗酒問題的解方。

為全民服務、品質更好的醫療設施。

治癒感冒的藥物。

治癒癌症的藥物。

不須發動戰爭，也能解決國際爭端的可行機制。

更能有效防制犯罪，以及透過預防措施，消除既有犯罪因素的可行計畫。

更公平合理的租稅環境。

更具成本效益的課稅方式。

提升政府治理效率的方法與工具。

外交官與政治家的培訓機構，專門培育有志擔任公職的人才。

更便宜、優質的住房，讓人人都能有好房住。

更便宜的新型汽車燃料。

地方政府均設有行銷宣傳部門，負責推廣施政計畫。

這些不過是幾個例子，對於願意貢獻所長來追求自立的人而言，成功的面貌還有無限種可能。如果有意在這些領域尋求發展，或想善用其他成功機會，一定得先成為個人心智的主宰——學會自立自強，同時也要體認到，心智能夠將失敗化為成功的墊腳石。此外，心智也主導了我們的想像力、抱負、熱忱、進取心，以及一切作為。

在追求自立的過程中，也必須了解，心智能夠從宇宙的某一處任意移動到另一處；心智會因為勤加使用而變得更強壯、可靠。心智能夠閱讀大自然的「無字天書」，解讀地表的形貌與紋理，因此能準確回溯地球數百萬年的歷史；心智對於有志想使用的人來者不拒；心智能將內心的主要意念，轉化為現實；心智支配了人類以外的芸芸眾生，具有不可撼動的地位；心智能掌握自然界的法則，想出一千種應用的方法。即使太陽與地球相距一億五千萬公里，心智仍能透過數學計算與太陽射線分析，測量與判斷太陽的組成與質量。

簡單來說，培養信念的真諦，就是了解心智不可思議的力量，並領悟種種有力證據所揭示的力量，源頭都是人類的心智。

許多人誤以為信念是神祕玄妙的概念，凡人難以領會，但是人類不懂得善用信念的力量，才是真正讓人想不透的謎團呀！

我們老是勸戒他人心存信念，自己卻很少身體力行。信念其實是一種能培養與善用的心境，和其他心境並無不同，這也是我個人的體悟。一切的重點在於「了解」與「實踐」。有句話說得好：「信念若不付諸實踐，則一無是處。」有了信念，必然會身體力行，畢竟不透過具體行動，又如何表達自己的信念？

我小時候家境貧窮，沒什麼發展機會，認識我的人都知道這件事。但是我現在已經是自我心智的主人，不再為貧困所苦了，心智滿足了我的各種物質需求，帶給我遠超過所需的富足。信念並不是我的專利，而是無論貧富貴賤，人人都能善用的一股力量。

希爾：卡內基先生，您所分享有關人類心智的種種可能，實在很有意思，也發人深省。我讀過一些有關心理學與心智運作的書籍，但是沒有任何篇章提出這種理論，連類似的觀點都沒有。您是從那裡獲得這些知識的呢？

卡內基：我對於心智力量的所有認知，都來自世界上最好的一所學校：「人生大學」！我多年來一直有一個習慣，就是每天固定花一點時間靜坐冥想，思考人生的計畫、目標，以及心智的運作原理。

有些人會把這種練習稱為「與上天對話」。無論如何，只要我還活著的一天，就會繼續保有這個習慣。如果想要更了解自我心智的力量，我非常建議養成這個習慣。

美國擁有世界上頂尖的公立學校制度。我們有高級的教學大樓、先進的設備，也有學識豐富的專業師資。老師教授各式各樣的科目，唯一沒教的是如何實際應用所學、在社會上立足。我希望公立學校日後能將這部「成功學」（Philosophy of American Achievement）納入教材，透過教導學生鍛鍊心智的祕訣，改善教學內容的不足。

希爾：卡內基先生，從您對於心智力量的探討中，我注意到您一再強調「行動是培養自立的重要基石」。在這個課題上，您還有什麼要補充的嗎？

卡內基：只有一件事：如果自立沒有透過具體行動展現，便不是真正的自立。心智固然會影響一個人的作為，但是反之亦然，外在行為也能影響心智，這一點從幼兒學走路的過程就能了解。一開始，心智透過一連串的跌跌撞撞、搖搖晃晃來引導學步，但一陣子過後，心智與腳的動作開始協調，走路就變成像呼吸一般自然的事。心智與肢體動作的關係也是如此，心智會影響動作，動作也會影響心智。兩者充分協調、達到平衡的時候，便能有登峰造極的表現。

同樣的道理也能在音樂家身上得到印證。音樂家彈奏樂器時，唯有透過練習，讓心智與手指的動作彼此協調，才能有完美的演出。這就是成為一流音樂家的唯一方法。

我聽過一位技巧精湛的鋼琴家說過，她能在腦海裡想像完整的鋼琴琴鍵，因此即使身處一片漆黑，她的彈奏水準絲毫不受影響。她在音樂領域成就斐然、實現了自立，靠的便是達成身與心的和諧運作；想要在其他領域有所成功，也必須經歷一樣的過程。以自己長期養成的習慣為出發點，其實很容易培養信念，因為「習慣」其實就是心智力量與身體彼此協調的結果。

希爾：如果要用一句話解釋信念，可不可以說：「信念之道，在於從實踐中學會相信」？

卡內基：說得非常正確，不過你可能要強調，「實踐」必須成為一個長期習慣，因為心中要保有信念，就必須持續身體力行。如果想要有健壯的手臂，就得定期做特殊訓練，一旦訓練停止，手臂的力氣也會回到原先水準。培養信念也是同樣的道理。

培養信念有兩個關鍵：「毅力」和「行動」，也許還可以加上第三個：「重複」。只要願意為了明確的目標展現恆心、採取行動，便能練就最高境界的信念，其中「行動」尤其重要。在培養信念上，這是我能想到最簡單的方法了。如果你深入分析這個方法，會發現只要願意付諸實踐，培養信念一點都不難。

希爾：卡內基先生，從您剛才針對信念的分享，我認為要培養信念這種心境，最好的方法是以確知的事實或普遍認定的現實為基礎，積極採取行動，是不是這樣？

您談到信念的時候，特別強調必須懷著明確的目標行事，才能實現理想，在我聽來，您認為一個人先掌握確切的事實證據，或基於可能的事實做出合理假設，進而產生明確動機，再採取行動，這樣的過程最有助培養信念。

另外，對於超出自身所能理解的事物，您完全沒有提到我們能夠，或應該對這類事物秉持信念。我不確定自己的理解是否正確，因此，能不能請您說明一下，對於自己不熟悉或不確定是否存在的事物，還能夠懷抱信念嗎？

卡內基：你想知道的是，一個人有沒有辦法相信自己無法證明，或缺乏合理假設支持的事物。我要斬釘截鐵地告訴你，答案是：「沒辦法！」要求一個人去相信他的大腦無法理解的東西，就好比要求一個不知色彩為何物的瞎子，去描述彩虹的各種顏色，這根本是不可能的事，他完全不知道從何講起，也沒辦法用任何比喻來描述彩虹。

唯有在明確動機驅使下，採取相應的實際行動，才能培養信念。渴望與動機能清除內心許多負面思緒，負能量沒了，信念的芽才能萌發。如果一個人所求的事物確實存在，也持續透過行動追求理想，同時深信自己一定能得到夢寐以求的事物，他會很快發現心中充滿信念，準備好接受無窮智慧的引導。

基督徒會探究耶穌的言行舉止，從中了解信念如何發揮作用。耶穌並不推崇消極，他透過善行善舉展現信念的力量，而且效果有如神蹟一般驚人，除了信念，找不到其他合理解釋。

耶穌能在水上行走、以五餅二魚餵飽千人、令死者復生、為人治癒惡疾、使盲者重見光明，這些神蹟無不是信念的力量。他提醒眾人，消極的信念不可能成就這些事。透過這些真實的神蹟，他證明了在行為的支持下，積極信念所蘊含的深厚力量。從這裡也能看出培養信念的過程。

第一步，設定明確的目標，並根據目標訂定計畫。有了計畫，後續行動自然水到渠成。

第二步，發揮智囊團原則，與他人共組團隊，並立刻執行計畫。有了眾人集思廣益、整合心智力量，這一階段的行動會更密集、更具規模。這也是耶穌採取的做法。

第三步，領會「實踐信念」法則並身體力行，持續採取行動。如果先前的步驟都有徹底落實，準備充分，則實踐這一步可謂輕而易舉。

一個人完成第三步驟之後，便不再需要進一步指示，因為此刻他的心中已經擁有信念。

信念要能產生實質效益，除了我剛才說明的方法，我沒有聽過其他途徑。信念曾多次幫了我大忙，但我也會事先擬定相關計畫或採取必要行動，善盡自己的本分。

我深信美國鋼鐵公司一定能順利成立，也對公司的未來寄予厚望，因此早在向投資者宣布個人規劃之前，我已經知道這筆交易絕對能談成。不過，我能有如此堅定的信念，是因為我在這之前，就花了數週的時間仔細規劃、安排交易的各項細節、為智囊團的成員分配角色與任務，這些工作我投入了大量心力，可以說是我事業生涯中最勞心勞力的時期。

任何讓人擔憂害怕的事物，都應該被細細檢視。

Anything that causes one to be afraid

should have close examination.

聖經《希伯來書》第十一章第一節有云：「對於所盼望的事，信即是把握；對於未可見的事，信即是明證。」這段話恰好證明了強烈的動機或渴望，有助培養心中的信念。這一句箴言之後，列有許多古人的事蹟，說明了憑藉信念的力量能成就的事，也揭示了聖經所談的「信」，是一種積極的信念。

許多偉大的領袖深信有朝一日能實現理想，如此深厚的信念激勵他們勇往直前，如果你研究他們的生平故事，會發現他們都是說到做到的「行動派」。少了實際行動，再多的信念都無法開花結果。

希爾：卡內基先生，我想再請教您一個非常具體的問題。不過我想先說明，我想提出這個問題，完全是因為內心旺盛的求知慾，我希望能學到實用的知識——也就是有證據支持、務實合理的知識。

我想問的是：如果一個人找不到有力的證據，無法證明「無窮智慧」的存在，要怎麼對它秉持信念呢？如果「無窮智慧」確實存在，它的來源是什麼？哪裡找得到？我們又如何得到這股力量？

卡內基：無窮智慧存在的證據俯拾皆是，可以說是世界上最容易證明的一件事了。

我這裡有一個很普通的手錶，能準確顯示時間。我知道手錶是誰生產的，知道手錶的運作原理，也大概知道製造手錶所用的金屬，甚至對金屬分子略知一二。

我還知道，如果將手錶的零件一一拆下，打亂原本的配置，再把所有零件放進我的帽子裡，輕輕搖一搖，這些零件不可能、也不會自己重組，還原成一只手錶。我就算搖了一千年、一萬年，都不可能搖出一只完好的手錶。

這只手錶能正常運作，完全是因為背後有一套系統化的知識與明確的運作原理支持。憑藉心中的信念，我知道主導大千宇宙運作的神奇機制背後，也存在一個統籌一切的「智慧主宰」（Master Intelligence）。

我想這個答案應該能讓你滿意。我只有一個建議要補充，也許能提供你和其他成功學的學習者一點幫助。每個人都必須靠自己的力量，培養對無窮智慧的信念，而誠如我剛才所說，唯一可行的方法是用心觀察四周、發掘無窮智慧存在的實體證據。我們透過冥想、分析、思考，便能從世界上已知的事實、日常生活的百態，發現各種無窮智慧的蹤影。

我也想強調「靜坐冥想」的重要。在這個生活節奏快速、物質主義當道的時代，多數人常忽略了養成冥想習慣的重要，忘記定時靜下心來、與自我對話。這種思考練習能加速潛意識的運作，幫助打開意識心智與無窮智慧的通道，發現駕馭個人心智的方法與訣竅。

我們每天都應該花至少一小時觀照內心，檢視自己的言行，思考與世界的關係。這樣的冥想練習有助認識自己、充實心靈，最終也會讓人茅塞頓開，領悟到世上每一個人的心智，都是無窮智慧極其微小的一部分。

關於無窮智慧的分享，我想就到此告一段落。我已經將自己對無窮智慧的了解，全部告訴你了。無論是你或其他成功學的學習者，對信念有充分理解之後，都必須扛起培養信念的個人責任。如果你還想知道更多、有更多體悟，只能透過冥想、思考，往自己的內心探求。

CHAPTER 2

實踐信念之解析

ANALYSIS OF
CHAPTER ONE

by Napoleon Hill

從卡內基對於信念的論述中，不難發現培養信念的不二法門，在於清除所有負面思緒，好好鍛練心智。在這件事情上，他的立場再明確不過！

消除各種負面雜念、整頓心智之後，必須採取以下三個步驟，才能達到信念的心境：

一、找到適合的動機，並依此設定明確目標。

二、根據目標，制定明確的計畫。

三、開始執行計畫，盡一切努力實現目標。

如果能持續落實這些步驟，便能順利往理想的人生邁進。完成三個步驟之後，必須將內心交給潛意識，讓潛意識接收自己的計畫，以合理的方式加以實現，或者必須根據自己的目標，擬定全新的計畫。

為了成功培養信念，必須「鍛鍊」心智——也就是除去內心一切恐懼、疑慮與猶豫不決。鍛鍊心智的過程一律從設定明確目標開始，而且目標背後必須有熱切的渴望支持。

一個人為了實現明確的目標，暫時放下理性與意志力，完全敞開心胸，領受無窮智慧的引導時，心中便有了信念。無窮智慧的「引導」會在想像力的輔助下，以靈光一閃的形式，將某個想法或計畫傳達給意識心智。

行動是培養信念的關鍵，光說不練絕對行不通。因此，有了理想，還要有具體的執行計畫。如果第一個計畫效果不彰，便再想一個新計畫，如此不斷修正改善，直到發現最合適的計畫。採取行動時，務必秉持恆心。

為了讓信念在心中萌芽，必須設定非常清楚、明確的目標，清楚到自己彷彿能在腦海中看見夢想實現的畫面。與其努力祈禱願望成真、理想實現，不如反其道而行，感謝上天已經讓自己的美夢成真——而且每天都應該重複做這件事。

理智或許會告訴你這麼做很不切實際，但你毋須理會。別忘了，你已經暫時忘卻理智的存在，就是為了讓無窮智慧有機會引導你。一定要全神貫注，否則理智仍會試圖頂撞，千萬要記得這一點！在這之後，便能敞開心胸，接受引導。

一位偉大的哲學家曾說：「信念是心的勇氣，一路勇往直前，堅信真理就在前頭。這種信念並非理智的敵人，而是啟發思考的火炬，就像哥倫布與伽利略（Galileo）心中懷抱的信念，敦促兩人嘗試再嘗試、『尋找證據與反證』（provando e riprovando），這是目前唯一存在的信念。」

這個過程能將信奉宗教一般的虔敬信念，化為支持理想與渴望的助力，進而將眼前的問題交給萬能的造物主解決。如果能全心仰賴信念的力量、接受引導，問題的解答最終一定會出現，而且會以突然迸現心中的想法或計畫，出現在意識心智裡。

實踐計畫的熱忱越強烈，得到的計畫越完美無缺，越能證明無窮智慧的真實不虛，因此，內心接收到計畫時，務必立刻付諸實行。

成功的祕訣，在於不斷想著自己渴望的事物，透過強烈的渴望，不斷向潛意識灌輸的任何明確意念，最終都會被潛意識接收，並轉化為現實。這一切如何運作並不重要，只要單純秉持信念，像學生依老師的指示完成作業一樣，按部就班地將該做的事完成，一定能得到讓人滿意的結果。

要求無窮智慧解釋其力量或運作方式，並不是你或任何人的責任。你的責任只在於如實執行這些步驟。

這個培養信念的方法，與任何教條或主義完全無關，也不牴觸任何宗教信仰。細究之下，許多宗教以信念的力量為根本，倒與這個方法有許多雷同之處。

計畫成效不如預期的時候，便不斷重複這一過程，直到計畫奏效為止。如果心中有信念，而且目標明確又合理可行，你便不必擔心失敗。對這些步驟的成效存疑，無異於對造物主的能力存疑。信念的運作原理，就像將恆星與行星固定在宇宙某個位置的力量一樣，是真實且具體的存在。如果你願意敞開心胸，欣然接受引導，信念絕對不會讓你失望。

你不須得到任何人的許可，也能完成這些步驟。假使真的需要協助，不妨請你的良知指點迷津。不過，你的良知應該引導你走上正途，而非讓你誤入歧途，千萬要注意。

先選定自己渴望的事物，制定實現夢想的計畫，接著立刻展開行動，將計畫付諸實踐。如果你突然有股想要改變或修正計畫的「直覺」，儘管著手去做。別忘了，無窮智慧可能有更好的規劃，勝過你所做的任何安排，因此別斷然拒絕。如果無窮智慧的計畫，比你採用的計畫更好，你一定會知道，因為心智發現最完美的計畫時，會感受到無比的熱忱與動力。

天下沒有白吃的午餐，對於自己渴望的一切，必須願意付出同等努力換得，也要在計畫裡具體說明如何做到。

不要心存僥倖，以為無窮智慧會將所求事物雙手奉上。也不要指望奇蹟發生，無窮智慧會依照自然法則運作，透過最可行、合理的方式，將你的理想轉化為現實。

切勿貪求不是自己應得的事物，無窮智慧不允許投機取巧或不道德的行為。以不正當手段取得的任何東西，都無法長期保有。

仔細檢視你的動機與渴望，確保沒有損及他人的不軌意圖。若做出不公不義之事，大自然會產生一股反制的力量，遏止你的渴望。不正當的動機也許能暫時得逞，但是多行不義必自斃。自古多少人企圖征服世界，他們的下場便是證據——造物主顯然不需要統一天下的霸主，否則不會遲遲無人能支配全世界。

一開始就應該建立正確的心態，願意為了渴望獲得的事物，付出相對應的努力。如果沒有這一認知，便不能在失敗時怪罪信念的效果有限，而是要怪自己不夠了解信念的真諦。

他人身上必有我能學習之處，

對於他人所長，我當虛心求教。

In every man there is something wherein

I may learn of him, and in that I am his pupil.

—— 愛默生（Emerson）

信念是人類能擁有最強大的力量，但是不論信念或其他力量，都不會干擾自然法則的運作。因此，不要期望信念會為了幫助你，而對他人行不公不義的事；也不要指望不勞而獲，或是省事抄捷徑。這些不切實際的期待，與造物主的旨意相牴觸。

不要吝於肯定合作夥伴的功勞。造物主對此也許沒有特別要求，但是幫助你的人會因此感到開心。自私、貪婪和信念從來沾不上邊，虛榮、自私自利、自我中心也和信念互不往來。相較之下，謙卑絕對是信念的好朋友。真正偉大的人，都會從虛心求教做起。所謂的「自尊」，往往是經過粉飾的虛榮心與自我中心。因此，如果制定的計畫是為了維護自尊，務必審慎思考，以免冒犯他人，造成他人不快，或是招來不友善的態度。

提出明確有力的計畫，努力不懈地追求目標，在過程中勇往直前、自立自強，也別忘了同時關切他人的權益與感受。如果希望與他人和諧共事，便要秉持真誠謙卑的心，展現心中的信念。

從生活中發現無窮智慧的力量

我在此邀請各位一同分享一座寶山，裡頭的財寶是我長年下來積累的成果，只是我渾然不知。這些財寶最奇特的地方在於，我與越多人分享，得到的利益也越多！

我開始就讀史上最古老的一所大學之後，便在不知不覺中累積這筆財富，這所大學就叫做「人生的逆境」。

在一九三〇年代經濟大蕭條期間，我在這所大學修了一門碩士班的課，也就此發現了這筆隱藏多時的財富。

某天早上，我接獲一份通知，發現我的銀行日前倒閉，可能再也不會重新營業，這件事讓我開始往內心探求，盤點自己的無形資產與可用資源，也因此發現了這些寶藏。

我在省視內心的過程中發現了什麼呢？且聽我娓娓道來。

首先談談最重要的資產：信念。

觀照內心時，我突然發現，雖然銀行裡的資產一夕蒸發，我對於無窮智慧、對於我的合作夥伴，卻還有滿滿的信念。後來，我又有了另一個更重要的體悟：只要心中有信念，便能創造世上再多錢都買不到的成就。

當我擁有需要的所有錢財時，我犯了一個天大的錯誤，以為金錢能給人源源不絕的力量。但我後來才驚覺，少了信念支持，金錢不過是一種死的東西，不具有任何力量。

這也許是我從小到大，第一次體會到實踐信念的驚人力量。在那之後，我決定仔細檢視內心，看看自己到底擁有多少名為「信念」的財富。

我一開始的做法是到森林裡散步，我想要遠離人群、遠離城市的喧囂，以及文明社會的各種干擾，如此一來，才能沉澱心靈、好好思考。

前往森林的路上，我撿起一顆橡實，將它握在手裡。我在一棵巨大的橡樹下發現了這顆果實，那棵樹應該是一棵高齡老樹，也許在喬治・華盛頓還小的時候，那棵樹已經是一棵參天巨樹。

我站在樹下欣賞老樹的姿態，又低頭看著手心裡小巧的橡實，突然發覺眼前這棵樹，竟然是由這麼小的橡實長成。我也想到，即使世界上所有人聯合起來，也沒辦法造出這麼一棵樹。我當下體認，世界上必然存在某種無窮智慧，讓這顆橡實發芽茁壯，最終長成高大的橡樹。

我抓起一把土，將橡實包埋其中。在我手裡的土壤與橡實，是樹木生長所需的總和，也是眼前這棵大樹成長的起點。無窮智慧用這些簡單的東西，便創造出一棵大樹。我能看見土壤與橡實，感受兩者的質地，但是我看不見、也無法確切感受無窮智慧。然而，我深信無窮智慧確實存在。我也知道世上沒有任何生物具有這樣的智慧。

在老橡樹的樹根處，我摘了一片蕨類植物的葉子。這葉片的形狀竟是如此美麗——是啊，一定是造物主的巧手設計。看著這片葉子，我突然發現，這些蕨類的葉子和橡樹一樣，都是無窮智慧的創作。

我繼續在森林間漫步，接著看到了一灣溪流，溪水潺潺流動、清澈見底。剛好我走得有點累了，便在溪邊找一處坐下休息，靜聽流水淙淙，奏出大自然絕美的天籟，看溪水蜿蜒前行，投奔大海的懷抱。

那次經驗讓我想起小時候在溪邊玩耍，勾起許多快樂的兒時回憶。坐在溪邊，靜聽流水的美妙樂音之時，我突然感受到一股無形的存在，一種「智慧」的化身出現在我心中，向我訴說水的迷人故事，「智慧」如是說：

水啊，純淨、沁涼的水啊！你自從地球誕生冷卻，人類與芸芸眾生有了棲居之地，便不斷滋養大地、孕育生命。

美妙的水啊！如果你會說人類的語言，能道出多麼精彩動人的故事！你為地球上的無數生物解渴、滋潤了花朵，又化身為蒸氣，轉動人類機具的輪軸，接著再次凝結，回復原本的型態。你清洗了下水道、刷洗了馬路，回歸你的源頭，接著淨化自身，又開始新的循環。

你流動時，只往一個方向堅定前行，要到你的故鄉大海去。你的腳步從未停歇，總是來來去去，但你看起來永遠活力十足、永遠樂於服務。

水啊，乾淨澄澈、晶亮剔透的水啊！無論做了多少苦力活，你總會在一天工作結束時洗淨全身。永不消失的水啊，你不能被創造，也無法被摧毀。你是生命的泉源，沒有你的恩澤，地球上便毫無生機。

這是多麼動人的一首詠嘆調，帶我領略了潺潺流水的奧祕。讓小巧橡實成長為大樹的「智慧」，再一次讓我看到、感受到其存在的證據。

隨著樹木的影子越拉越長，一天也即將步入尾聲。夕陽緩緩自西邊的地平線下降之時，我突然領悟到，在剛剛聽見的美妙故事中，太陽也扮演了重要的角色。

沒有太陽的滋養，橡實不可能成長為橡樹。沒有太陽的照耀，活潑的溪水將永遠被禁錮在大海裡，哪裡也去不了，地球更不可能孕育任何生命。

想到這裡，我豁然開朗，對剛才聽到的故事又有了全新的體悟：太陽與水之間密不可分的浪漫情懷，讓世上一切愛情故事都相形失色。

我撿起了一顆白色的小鵝卵石，石頭在流水沖刷下變得圓潤白淨。我將鵝卵石握在手裡，此時又聽見心底傳來一個聲音，向我訴說一段更動人的故事。

「智慧」正引導我的意識心智領略真理，它似乎說著：

凡人啊，請張大眼，將手裡握著的奇蹟看仔細。我不過是一顆小小的鵝卵石，但在我之中，卻蘊藏著一個小宇宙。我也許一動也不動，看似無生命，但別讓我的外表騙了你。我由許多分子組成，分子則由大量的原子組成。原子內含有數不清的電子，以你無法想像的高速隨機移動。我不是一顆死的石頭，而是由不斷移動的單元集結而成的個體。我看似堅硬，但外表只是假象，因為我體內的電子並非緊緊相依，彼此相隔的距離遠超過它們自身的大小。

這一番話有如當頭棒喝，撼動了我的內心深處，讓我久久說不出話。我了悟到，自己手裡握的是宇宙能量微乎其微的一部分，而這股能量，便是將太陽、恆星與我們居住的渺小地球，固定在宇宙間特定位置的巨大力量。

藉由靜思冥想，我了悟到連手裡一顆小小的鵝卵石，也蘊含宇宙運轉的法，這是多麼美妙的體悟。不只如此，在這顆不起眼的石頭裡，大自然的奧祕與現實合而為一；在這顆小石頭裡，事實凌駕於虛幻之上。

這一顆平凡無奇的小石頭，竟然蘊藏了自然法則、宇宙的秩序與目的，我又驚又喜，第一次如此強烈感受到宇宙力量的存在，第一次感覺自己如此靠近無窮智慧的信念源頭。

那一次親近大自然、有森林與溪流相伴的經驗十分美好，四周一片寧謐，撫慰了我疲憊的靈魂，也引導我沉澱心靈，用心觀察、感受、傾聽，讓無窮智慧向我揭示世界的真理。

在那個當下，我身處另一個全新的世界——一個沒有「經濟大蕭條」與銀行倒閉，人人不必掙扎求生、彼此競爭的世界。

我一生中，從未如此強烈感受到無窮智慧的真實存在，也終於體認到，自己對無窮智慧的信念究竟從何而來。

我在新發現的桃花源裡流連忘返，直到夜空中繁星點點，才不情願地沿著原路，回到市區，再次走入人群，看眾人在「文明社會」打造的冰冷牢籠裡，奮力掙扎求生。

回到書房裡，我環顧四周，看著成堆的書本，內心卻感到一絲孤寂。只想再次回到大自然，拜訪那和藹親切的小溪。幾個小時前，我才在溪邊體會無窮智慧的美妙真理，感覺心靈獲得洗滌。

我現在明白，我心中對於無窮智慧的信念確實存在，也永久不衰。這不是一種盲目的信念，而是深入探究無窮智慧的力量之後，油然而生的信念。

一直以來，我仔細觀察他人的言行舉止，試圖尋找無窮智慧存在的證據，殊不知自己弄錯了方向。我這才發現，小巧的橡實與巨大的橡樹、蕨類的葉片與地表的土壤，照耀大地、讓水循環的太陽、小小的鵝卵石與夜空中的繁星、大自然的遼闊幽靜，都是無窮智慧的化身。

我由衷相信，為了物質財富汲汲營營、疲於奔命，並不能換得無窮智慧的引

信念不斷創造；恐懼習慣摧毀。此一真理亙古不變。

Faith constructs; fear tears down.

The order never is reversed.

導；唯有靜心沉思之時，無窮智慧才能顯現。

我的銀行突然倒閉，帳戶存款也一夕蒸發，但是我仍比許多百萬富翁還要富足，因為我心中充滿信念。只要有信念，我必能再累積新的財富，得到需要的一切，在紛亂的社會中找到安身之地。

又或者，我比世上多數富翁都還要富有。因為我的內心深處，有一股強大的力量支持著我，但是對多數有錢人而言，只有手中的股票才能給自己力量與慰藉。我的力量來源就像空氣，不用花半毛錢便能取得。要得到力量，我只需要信念；而我最不缺的，正是信念。

從人生經驗領略信念的深厚力量

在我鑽研成功學、探討人生成敗關鍵的期間，有一次最為難熬困苦的經歷。

這個真實故事是我的個人經驗，對於這種經驗，我想任何人都不會想要誇大粉飾，或對任何細節輕描淡寫。

這個故事和我的二兒子布萊爾有關。雖然這是我的家庭故事，不好向外人提起，但我不得不分享這一段故事。畢竟，我正在學習「人生」這堂課，也立志研究一個人如何遠離窮苦悲慘的命運，開創成功人生。

我認為分享自己與布萊爾的故事有其必要是因為，他的人生恰恰證明了信念的力量，揭示了在遭遇實際的人生問題時，信念如何發揮效用。

為了忠實還原這一段精彩動人的生命故事，我得從布萊爾出生的時候講起。隨著故事開展，我希望各位讀者能注意觀察，布萊爾的例子如何證明信念驚人的力量。

聽了接下來的故事，自然會明白我為什麼願意不顧家庭隱私，也要分享「信念」的證據，同時傳達這項自然法則的本質，以及它的運作機制。

布萊爾一生下來便沒有耳朵，連一點像耳朵的器官構造都沒有。我們請來具權威的醫師進行X光檢查，發現他耳朵處的頭骨並沒有任何開口。布萊爾出生之後，產科醫師將我拉到一旁，以非常輕柔的語氣委婉告訴我，這個孩子以後聽不到聲音，也沒辦法說話。

我說道：「不可能，他絕對能聽到聲音，也會開口說話！」

我不知道是什麼讓我立刻出言反駁，還向醫生發下如此豪語，但是我能描述當下的感受（這段描述極為重要），聽到醫生斬釘截鐵的宣布兒子失聰，我心裡突然冒出一個聲音，告訴我：「世上沒有不可能的事！」多年以來，我一直對兩件事深信不疑——儘管我沒有什麼權力這麼做——我仍不斷向他人分享，建議他們也奉為真理：

一、每一次的人生逆境中，都能找到一個相對應的機會種子。這項原則自古以來無一例外，未來也不太可能被打破，因為這是大自然的運作機制，愛默生在

〈論補償〉一文中也有深入描述。

二、人生唯一的阻礙，是我們因為缺乏信念，而對自己設下的種種限制。不過，心智既然能設下任何限制，也能加以消除。

這些年來，我一直主張這兩個道理，但現在我的兒子一出生便有無法治療的生理缺陷，如此殘酷的事實幾乎粉碎了我的信心，迫使我重新思考。

那是我人生最掙扎兩難的時刻。一方面，我看到實際的生理限制，這不是任何心智的產物，顯然也非任何心智能消除。另一方面，我看到一個新生兒在現實生活中遭逢逆境，任何能理性思考的人都會認同，這樣的逆境絕不可能帶有「一個相對應的機會種子」。

我聽到內心一個自嘲的聲音說道：「一個人生來就沒有耳朵，注定一輩子又聾又啞，還能有什麼機會種子？」

如果以理智思考，我確實一下子答不上來，但是在我內心深處，某種形式的「智慧」被我心中的信念吸引，帶著樂觀的力量前來，給了我再肯定不過的答案。這個答案化作一個意念，浮現在我腦中：

「此時此刻，我並不知道生下來就沒有耳朵，能蘊含什麼樣的機會種子，但是我知道這個相對應的機會種子確實存在，最終也一定能找到。」

布萊爾出生當時，以及之後的任何一刻，我都不曾低頭認輸，拒絕接受這個孩子注定失聰、失語的現實。我相信總有一天，我一定能從沒有耳朵的兒子身上、從他的生理障礙中，找到相對應的「機會種子」，我也會幫助他讓種子順利發芽，培養個人的長處與優勢，彌補他沒有耳朵的缺憾。對我來說，這不只是個理論，而是比理論更堅定的信仰。

在後續的故事中，你會明顯注意到兩件事：我在心中想像出布萊爾能正常聽說的畫面；以及這個畫面被某種未知的自然法則接收，繼而轉化為現實。

接下來，至少五十個人，包含定期為布萊爾檢查的醫生、學校的老師、我的好友和親戚等，和我一起見證了布萊爾的驚人發展。證據擺在眼前，事實有目共睹，也幸好如此，大家能自行驗證真相，不必只採納我的說詞。不過，我比其他人多知道了一件事：在布萊爾出生時，只有我在心中構築出理想畫面，想像布萊爾毫無缺陷的模樣。只有我秉持信念，不斷強化這個意念，直到它找到了出路，化為眼前的現實。其他細節都有充分證據支持，但是在這件事情上，各位讀者必須相信我所言不假。

布萊爾剛出生幾個月，還是襁褓中的嬰兒時，沒有跡象顯示他聽得見，任何人都看得出來他沒有聽覺。不過，他六個月大時，母親突然發現，在布萊爾頭頂處輕聲說話時，他會有所反應。

自那時起，布萊爾的聽力開始有顯著進步，後來終於能聽見人說話的聲音，但是他直到兩歲後，才開始試著發音說話。那段期間，我發現在說話時將嘴唇貼著他的頭部一側，他能聽得更清楚。

有了這個發現之後，我開始練習對他說話時，雙唇碰觸他的頭部。別忘了，當時骨傳導技術尚未問世，直到近期，才有廠商運用骨傳導原理製作助聽器。

有一天，我注意到布萊爾似乎在聽黑膠唱片機撥放的音樂，聽得一臉出神。我將他抱起來，讓他的頭靠在唱片機上。他開始發出一連串咯咯聲，表示他非常開心。後來，我將唱片機放到較低的位置，讓布萊爾能伸手摸到，他也很快就學會如何使用。他對唱片機非常著迷，經常站在機器旁邊，撥放一首又一首的歌曲，一玩就是好幾個小時。

於此同時，一位芝加哥的知名耳科醫師會定期為布萊爾看診、追蹤發展情形，他發現布萊爾能聽見聲音時，又驚又喜。由於布萊爾的例子太過驚人，他還召集了全國的耳科權威醫師一同討論，他們從各種角度拍攝布萊爾頭部的X光照，希望能發現讓他恢復聽力的關鍵。

類似這樣的檢查每隔幾個月就會進行一次，一直持續到布萊爾九歲的時候。後來，醫生在布萊爾頭部一側進行手術，想了解皮膚底下是否有任何輔助聽力的構造。那是我們第一次知道，布萊爾的頭骨一側並沒有開口能容納耳道，醫生也沒有發現任何助聽構造。

檢驗結果讓醫生們更加困惑，百思不得其解。醫學史上從來沒有任何類似案例。過去也有嬰兒一出生便沒有雙耳，但是沒有一個嬰兒能成功聽見聲音。直到今天，布萊爾能聽見的奇蹟，依舊讓醫生摸不著頭緒。後來，一位來自紐約的耳科權威醫師來訪，為布萊爾做了頭部X光檢查，他告訴我：「照理說，布萊爾不可能聽見聲音，但是他確實擁有聽力，能聽見一些常人聽不到的高頻聲音。」

醫學界一般並不承認心智力量能帶來實體改變，也不認為只靠心智，就能在沒有助聽裝置的輔助下，將聲音傳達到大腦。

不過，心理學家認為這樣的力量確實存在心智裡。我所謂的心理學家不是什麼來路不明的醫生，他們會不斷實驗，在現實生活中驗證理論。他們知道有一種能量會維持恆星與行星的相對位置，讓每一個物質的原子以自然、和諧的方式與相鄰原子共存，他們深知這種能量能夠，也的確會透過五種感官以外的管道，將知識傳遞給人類的大腦。

一發現我的嘴唇與布萊爾的頭接觸，他就能聽見我說話之後，我立刻展開一連串實驗。我要再次請各位讀者用心閱讀，仔細注意接下來的故事細節，因為這些細節看似普通瑣碎，卻藏有重要線索，能證明信念的力量。

知道如何將聲音傳達給布萊爾之後，我開始跟三歲大的兒子說話，天馬行空地告訴他長大以後，我們父子倆要一起做些什麼事。

許多親戚都建議我們忽略他的生理缺陷，將他當成一般的孩子撫養長大，但我沒有這麼做，我說的所有故事，幾乎都建立在他沒有耳朵的事實上。我告訴布萊爾，等他長大以後，總有一天，沒有耳朵這件事會成為他最寶貴的資產！

老實說，當時我並不知道這個承諾是否會兌現，但是內心有股力量要我放下一切顧慮，繼續為布萊爾構築未來的理想世界，我也確實照做。我一心想幫助布萊爾將身體的不便轉化為優勢，也許這股渴望太過強烈，我因此深信自己一定會找到可行辦法，沒有絲毫懷疑。從這裡便能發現，熱切的渴望與信念有著明確的關係。

舉例來說，我告訴布萊爾，當他長大一點，能兼差賣報紙的時候，他一定能比其他孩子賣出更多報紙。大家看到他沒有耳朵，卻還鼓起勇氣，出外打零工賣報紙，必然會萌生惻隱之心，踴躍跟他買報紙。也許我的潛意識早就知道如何幫助布萊爾將先天的缺陷變成優勢，我才會有如此堅定的信念。

誰能料到，我對布萊爾的承諾，竟然如實應驗了！

早在布萊爾年齡夠大，能夠賣報紙之前，他便自己提出這個想法。他的母親並不贊同，擔心他因為聽力不好，在路上賣報紙容易發生危險。我則支持他的創業計畫，因為這次經驗能給他信心，讓他學習融入社會，不因自己的殘疾而感覺自卑、有所顧忌。可惜這件事後來不了了之。

一天晚上，我和妻子到戲院看電影，布萊爾竟趁護士不注意時偷溜出門，一個人走到街角，跟賣鞋的攤販借了六美分當資本。他買了幾份報紙，接著很快轉手賣光，將利潤再次投資，又賣出更多報紙。最後，他賺了一點錢，償還了借來的六美分後，還有五十二美分的盈餘。我們回到家時，他倒在床上呼呼大睡，手裡還握著滿滿的硬幣！

妻子走到布萊爾床邊，看見兒子這副模樣，竟然流下兩行眼淚。

我走到床邊一看，忍不住笑出聲來。我們夫妻倆看待這件事的觀點完全不同：她看到一個有殘疾的可憐小男孩，明明不缺錢，卻想到街頭賣報紙賺錢，陷自己於危險之中。我則看到一個勇敢的小小創業家，開始實踐我告訴他的道理，把先天的缺陷視為一種優勢，而非累贅。我也看到自己秉持的信念，終於開花結果、實現當初的願景。

布萊爾開始在街上賣報紙時，只有五歲。他已經相信自己的殘疾不是障礙，還成功證明了這一點，因為他賣掉的報紙確實比其他孩子還要多。後來，他開始替當紅雜誌《星期六晚間郵報》（*Saturday Evening Post*）工作，負責指揮賣報小弟，管理某一區的銷售業績。他展現的熱忱、進取心與想像力，讓許多大人都自嘆弗如。

如果他想要任何東西，不管是一輛腳踏車或一部玩具火車，他從來不會要求我們買給他，而是希望我們能讓他去賺錢，才能買自己想要的東西。有一次，他想要一部玩具火車，但是我們覺得太貴了，不應該花這筆錢，布萊爾因此決定自己想辦法。他開始挨家挨戶拜訪鄰居，推銷各種服務；他幫鄰居剷除積雪，為了自己想要的玩具努力賺錢。布萊爾不只與其他聽力正常的孩子平起平坐，在重要能力上，他的表現甚至比多數同儕還要優秀。

醫生為布萊爾進行頭部手術，發現沒有任何輔助聽力的身體結構後，沒過多久，我們幫他慶祝了九歲生日。當時，我為了研究成功法則，必須走訪全國各地進行訪問。布萊爾則跟隨母親，回到她在西維吉尼亞州的故鄉，在那裡念完中學，之後就讀西維吉尼亞大學。因此，我對布萊爾的教導，大約在九歲時便告一段落。

雖然布萊爾的聽力只有正常人的百分之六十，他仍成功讀完小學、中學與四年制大學，而且成績和班上聽力正常的前幾名同學一樣好。他沒有學過如何讀唇語，也沒有人帶他學習打手語。

我負責引導布萊爾心智發展的期間，不曾想過要送他去念特殊教育學校，也特別注意他的成長環境，避免讓他有負面想法，認為自己的殘疾是一種無法克服的障礙。

之所以這麼做，是因為我不希望布萊爾感到自卑，或是覺得自己沒辦法像我告訴他的那樣，有一番成就。

直到布萊爾九歲以前，每一年，我都需要費好大一把勁，才能說服校方讓他就讀普通班。校方認為如果讓布萊爾念普通班，老師必須讓他坐在前排，還得額外費心照顧他。有一次，我和校方協商失敗，陷入僵局。後來，我寧願讓布萊爾去念私立學校，也不願讓他被安置在特殊教育班。

這些小細節看似沒什麼大不了，卻表達了我不輕言放棄的鬥志、不因布萊爾的殘疾向命運低頭的決心，因此深具意義。我堅信他終能像我一樣，培養出信念，發揮心智的力量！我為了幫助布萊爾所做的一切，其實在無形中打造了一個模式、一個藍圖，或一個意念。不管怎麼稱呼，這個意念都漸漸成形，最後也成功實現，將他的先天殘疾轉化為對等的優勢。當時的我並不知道自己的所作所為，竟會有如此深遠、重大的影響。

前面提到過，自從布萊爾九歲以後，我們便很少見面，但我偶爾會去看看他。後來，他大學畢業，我們再次搭上線。布萊爾年幼的時候，我便跟他保證，等他大學畢業，充分準備好的時候，一定能把握人生的契機，有所作為。這一次，我成功兌現了這項承諾。

我後來才知道，布萊爾在求學的過程中，從沒忘記我說過的話，我也一直記得自己的承諾。我總是相信有一天，儘管沒有雙耳，布萊爾仍能找到人生的出路，為社會貢獻所長，同時成為一個自立自強的人。

一九三六年，布萊爾即將完成大學學業。好巧不巧，在他畢業前三個禮拜，他第一次接觸到骨傳導式助聽器，而且發現戴上助聽器之後，他的聽力就和正常人沒有兩樣。有了助聽器，布萊爾終於能清楚聽到教授上課時說的每一句話。雖然布萊爾的一生高潮迭起、充滿驚奇，不過這件事回想起來，也算是很神奇的巧合。

布萊爾有機會使用助聽器，顯然是幸運之神眷顧。不過，布萊爾並非全然靠運氣，畢竟機遇法則通常沒那麼熱心，不會讓一個人免於又啞又聾的命運，還幫助他將先天的殘缺轉化為最大的優勢。大多時候，機遇法則只會火上加油，不只無視他人的不幸或生理缺陷，還刻意抹煞所有成功的機會。

布萊爾很開心自己發現了助聽器，特地寫信告訴我事情經過。他同時也寫信給助聽器的製造商，告訴對方自己的發現。我收到信之後，立刻動筆回信，請他來紐約一趟，而且要有待上一陣子的準備，因為我心裡非常清楚，布萊爾眼前有一個大好機會，他若能好好把握，便能將生理障礙轉化為成功的契機。

布萊爾抵達紐約時，我還忙著撰寫書稿。後來，我放下所有寫書的相關工作，集結自己所有知識和經驗幫助布萊爾。在幾週之內，我們就討論出完整的計畫，研擬其中細節，並寫成紙本，方便向他人說明。他帶著企劃書去找助聽器廠商，最後成功說服公司雇用他，起薪是一年二千六百美元，還有額外的差旅費。

如果要說世上哪一家公司如此幸運，在無意中「挖到寶」，絕對是雇用布萊爾的公司。公司主管對此也心知肚明，因為布萊爾「聽力有困難」的程度，是世界上絕無僅有的案例，而布萊爾正是助聽器最佳的產品代言人。其他助聽器製造商聽聞布萊爾在紐約的消息，也紛紛表示希望能聘用他。

布萊爾為新工作準備的期間，和我住在一起，因此我有許多機會深入觀察他。這段過程給了我許多新的體悟，讓我決定將寫到一半的書稿全部撕毀，從頭開始，將這一代年輕人的價值觀也寫進書裡。

隨著布萊爾展開新工作，我也開始從他的言行舉止，分析現代教育制度與家庭生活對個人的影響。我想不管是哪個時代、哪個地方，都很少有年輕人能像布萊爾一樣，大學剛畢業，就馬上得到一份前景看好、待遇優渥的工作。

公司主管非常開心有布萊爾加入團隊，因為布萊爾是參與實驗室研究的最佳人選，能協助測試產品、提出改良建議。布萊爾的特殊案例更在助聽器研發領域掀起一片轟動，吸引眾多醫學專家與研發人員的關注。

公司對布萊爾的表現讚譽有加，不久便讓他開始參與各種活動，發表演講。公關部門也將布萊爾的故事寫成文章宣傳，讓他在無形中累積了不小的名氣。

總而言之，我為布萊爾描繪的美好未來開始慢慢實現。

不知道為什麼，這讓我想到一個故事：一個石油業務員為了引誘買主，在德州的一座農場偷偷埋入石油，宣稱底下有一大片油田，最後以可觀的高價賣出。業務員以為自己賺進暴利，讓買家當了「冤大頭」，沒想到一心相信有油田的買家開挖之後，果真挖到滿滿的石油。

我實現了對布萊爾的承諾，過程中也發現許多重要的道理，讓我願意捨棄手中既有的書稿，從頭來過，才能將新發現寫入書中。

一開始，我想幫助布萊爾減少生理缺陷造成的困難，原是出於父愛。但是在過程中，我秉持滿腔熱忱、持續發揮信念的力量，最後因此更了解自然法則的運作。偉大的自然法則讓原子內正負電荷中和；讓行星繞著恆星轉，兩者維持相對位置；讓個性不同的人聚在一起，依照他們的心態，使其和氣共事、或針鋒相對；讓地球上的芸芸眾生不斷繁衍生長……更不用提其他一樣重要的事蹟了。

不過，我們現在探討的重點，在於如何實現心中的意念，以及如何決定與他人的相處之道，因為決定人生成敗的關鍵，正是我們與他人的互動關係。

心理學家亨利・林克（Henry C. Link）宣稱：「我們的教育制度過度重視智能發展，對於脾氣與個性如何養成或導正，卻一點概念都沒有。」

每個人都知道，從我們開始牙牙學語，直到離開人世，我們的所作所為，幾乎都受到習慣的影響。走路和說話是習慣，我們吃飯、喝水的方式也是習慣。男歡女愛也是習慣的結果。我們與他人交好或交惡，也受習慣影響。然而，目前還沒有人知道人類為什麼要養成習慣。

亨利・福特只憑著一點專業的科學知識，就成功打造了偉大的汽車王國，賺進大筆財富。

然而福特成功的祕訣，在於培養明確的成功習慣。至於需要透過專業訓練習得的科學知識，福特則雇用了一個優秀的工程師團隊，他從這些員工身上，學到實務上需要的專業知識。

多數人並不了解他人致富成名的真正原因，就如同大家多半不知道習慣到底如何養成。

人人都知道，被譽為美國「鋼鐵大王」的卡內基只受過一點教育，名下卻有超過四億美元的財富。大家不知道的是，一個沒念過什麼書的人，到底是透過什麼方法成為巨富？

原來，卡內基自發養成了許多「致富習慣」，因此累積大量財富是必然的結果。雖然卡內基常將自己擁有的財富，歸功於「智囊團」成員的努力，但他養成的眾多好習慣，也許才是他致富的主要原因。畢竟，如果不是卡內基養成良好的思考習慣，培養正確的心態，又怎麼能感染其他智囊團成員，引導團隊的運作呢？

愛默生曾說：「每一家公司，都是一個人的縮影。」確實如此，一家公司的主要決策者，其實就是形塑公司文化、影響職員習慣的人，而這些習慣便是決定公司成敗的關鍵。如果深入分析，你也會發現主導公司文化的人，如果做事有明確目標、具體計畫，最後十之八九會成功。這些人包含福特、卡內基、愛迪生，以及石油大王約翰・洛克斐勒（John D. Rockefeller）。

信念只會吸引光明、創造的力量；

恐懼只會招致黑暗與破壞。

Faith attracts only that which is constructive and creative. Fear attracts only that which is destructive.

有人也許會說：「這麼說來，決定一家企業成功或失敗的，還是特定的一個人，而不是什麼信念或宇宙習慣作用的結果，對吧？」

答案是「對」與「不對」。一個人心態與思考習慣，能塑造一家公司的運作方式，但是信念能依據思考習慣的本質，進一步將運作方式轉化成財務報表上的盈餘或赤字。

這不只是我的個人觀點而已，且容我後續深入解釋。

知識並不是力量。擁有知識看似了不起，卻不是成功的主因。我花了近三十年的時間做研究，最後終於證明了這個道理。

一直以來，我都未能掌握成功與失敗的真正原因，直到我更了解信念，發現信念是一切習慣背後的力量，才有了更深的體悟。信念能將習慣轉化為成功的實體，幫助個人將知識與理論付諸實踐。

習慣與自我（ego）有著密不可分的關係，但一般人對自我其實有許多誤解，因此，我的個人故事分享就先到此告一段落，接下來把重點放在分析「自我」，探討它對培養信念的影響。

開始分析自我之前，必須先了解：自我是信念與其他心境運作的媒介。這一章不斷強調「消極信念」與「積極信念」的差異。由於自我是展現各種行為的媒介，我們因此必須認識自我的本質與潛能，必須學習如何啟發自我，又如何控制與引導自我。最重要的是，我們必須破除常見的迷思，了解自我並非只是表達虛榮心的工具。

自我的英文字「ego」來自拉丁文，意思是「我」。這個字也代表一種驅動力，能夠加以善用，將內心的渴望透過實際行動，轉化為信念。

破除大眾對自我的迷思

在一般的認知裡，「自我」指涉人格的各種層面，也因此，透過習慣法則，自我能被訓練、引導與控制。

歷史上曾有一位偉大的哲學家，投入畢生心力研究人類的身體與心智，他說過這麼一段話，不只切中要點，也為自我研究奠定了扎實的基礎：

一個人無論生或死，身體都是由數百萬個微小的能量單位組成，而且永不消亡。

這些能量是彼此分開的獨立個體，有時也會以某種和諧的方式共同運作。人體是一種流動的生命系統，具有控制內在力量的能力，不過必須經過訓練；只有透過習慣、意志力、練習或特殊的刺激因素，才能集結內心的力量，共同完成一個重要任務。

從許多實驗中，我們發現每個人都有能力將內心的能量聚集起來、加以運用，這種能力也能透過練習進一步提升。

空氣、陽光、食物與水，都是天空與大地的一部分能量。我們渾渾噩噩地過活，隨著命運的浪潮四處漂蕩，不思力爭上游，看成功的契機越漂越遠，最終消失不見。

自古以來，人類便被各種影響團團包圍、左右思考，也未嘗積極控制心中的起心動念，任憑思緒自由發散。對多數人而言，與其運用意志力主導事情走向，不積極作為、任憑情況自然發展，總是更為輕鬆。

但是，成功與失敗的差別，就在於個人能否終止漫無目的的漂蕩。

我們必然會受到情緒、衝動、個人遭遇及意外事件的影響。即使特別用心關照，一個人的思緒、內心感受、身體狀態，仍是人生各種際遇形塑的結果。

如果花點時間仔細思考，你會發現，自己大半的人生都只是隨波逐流，在命運的浪潮中浮沉。

看看世上的芸芸眾生，觀察萬物如何積極活出自我。大樹的枝幹往太陽延展，透過樹葉努力吸取空氣，甚至奮力往地下扎根，汲取生長所需的水分。不會動的樹木看似無生命，卻代表了某種力量，也乘載著某個目的。

世界上無處不是能量。

大氣中充滿能量，因此在嚴寒的北極，天空中會閃耀動人的極光；冷暖空氣上下對流時，便會產生閃電與打雷，讓人類提高警覺。

水不過是凝結成液態的氣體，充滿電能、力學能與化學能，這些能量都能讓人類的生活更便利，卻也能造成嚴重破壞。

水即使凝固成冰，也具有能量，因為冰的力量未被削弱，也並非靜止。冰能將堅硬的岩石切割成碎塊。我們喝的水、吃的食物、呼吸的空氣，都蘊含這種能量。每一個化學分子都具有能量，每一個原子都需要能量才能存活。全體人類便是個別能量體的集合。

人類帶有兩種力量，一種透過有形的軀體展現，包含無數個細胞，每一個細胞都帶有智慧與能量；另一種力量則以自我的形式呈現，做為心智的主宰者，能控制內心思緒與外在行為。

人類有形的軀體約含有十五種化學元素，全數都已經被科學家發現。一個體重七十三公斤的人含有：

四十三公斤的氧
十七公斤的碳
七公斤的氫
兩公斤的氮

兩公斤的鈣
一百七十公克的氯
一百一十三公克的硫
九十九公克的鉀
八十五公克的鈉
七公克的鐵
七十一公克的氟
五十七公克的鎂
四十三公克的矽
微量的砷
碘與鋁

人體有形部分的價值如果換算起來大約只有八十美分，這些元素能從任何一家化學藥廠購得。但以蘊含十五種化學元素的身體為基礎，再加上一個發展完整、控制得當的自我，這個組合的價值便不再是八十美分，而是由擁有者自行決定。

自我是再多錢也買不到的一種力量，但是能夠依照個人的理想，進一步發展、形塑。人類一生下來便有自我，同時也附帶一個價值幾分錢的軀體，而自我後續的價值，全取決於擁有者如何使用。

愛迪生在發明探索領域培養了自我、引導自我發展，世上因此有了這麼一位天才發明家，他的身價與貢獻絕非金錢能夠衡量。

福特在交通運輸領域引導自我發展，他的自我價值連城，甚至改變了人類的生活方式，消除了地理疆界，將山林小徑變成暢通大路。

馬可尼一心想運用傳播介質「乙太」進行發明，強烈的渴望為自我注入滿滿力量，他最後成功發明無線通訊系統，讓思想交流跨越國界，全球因此緊密連結。

這些偉人，以及曾協助推動文明巨輪的世代先賢，都讓世人見證了一個均衡展的自我，能展現多麼驚人的力量。有的人能對社會有積極貢獻，有的人成天只知遊手好閒，差別其實全在於自我，因為自我是主導一切行為的關鍵。

自主與自由是任何人都嚮往的目標，每個人也都有能力追求。事實上，人生要過得多自主、多自由，完全取決於個人如何培養自我、善用自我的力量。

簡單分析自主與自由這兩大人生目標，就能更了解自我的潛能。

所謂自主，是沒有任何人能以任何方式限制、干涉或控制你。

所謂自由，是指你不會因為心中的恐懼或自我限縮，而限制了自己。

自由無法外求，只能靠個人努力，好好培養自我並善加運用。自主則可以透過他人協助取得。

要先有自主，才可能有自由；若沒有嚴格自律，給予自我明確的指引，則自主與自由皆是空談。世人有時候並不清楚自由的真正來源，直到失去自主，不得不回過頭省視自我，才有所領悟。

在英文裡，「自我」一詞被濫用、錯誤解讀的程度，也許堪稱所有詞彙之最。現今許多人都將自我與虛榮、自私畫上等號，曲解了自我的原意。

在追求理想的過程中，一個人能全權掌握的只有自我，它可以是一個人最珍貴的資產，也能是最沉重的負擔。如果能了解自己與自我的關聯，任何人都能隨心所欲，過著自主與自由的生活。

自我決定了一個人與他人的互動關係，更重要的是，自我也決定了一個人與自我身心連結的機制，而這個機制塑造出的希望、目標與理想，便決定了這個人的一生。

世上所有成就非凡的人，都有一個發展健全、高度自律的自我。除此之外，還有另一個因素與自我有關：自我控制。這個關鍵因素能將自我的力量轉化為任何理想計畫或目標，決定了自我為善或從惡的力量。

有了以上的基本認知，接下來我將進一步解釋，為什麼高度自制的自我是人類一切成就的基石。在後續分析中，我將與各位分享過去三十年來，自己深入觀察心智運作的心得與發現，也會清楚指出哪些是已知事實，哪些則純屬推論。

了解人類身處何種複雜的機制、如何造就自己的命運之後，各位讀者便能體認到知識、教育程度、事實或經驗本身，並不是成功的絕對保證。

各位在過程中也會發現，為什麼有些人苦苦追尋，卻仍舊找不到實踐成功法則的「葵花寶典」。對於想發揮成功法則、一心渴望致富的人來說，其中的原因能指點未來的方向。

在此，我想特別強調一件事，如果能領會這個重要道理，便能以全新的觀點看待成功法則：

人生的一切成就，都源自一個能幫助自我培養「成功思維」的計畫。

換句話說，一個人想要成功，必須好好發展自我，向自我不斷灌輸理想目標，並排除心中各種限制與不必要的能量耗散。

開始運用成功法則的第一步，便是發展個人的自我。在三十年的研究歷程中，我分析了各行各業的傑出人士，發現每一個成功者都是自我的主人，無一例外，這也是最驚人、最發人深省的發現。

透過「自我暗示」（autosuggestion，或自我催眠），我們能依照自身需求，調整自我的振動頻率，這是所有成功人士經常使用的方法。

如果沒有充分了解自我暗示法則的重要，就無法掌握這一章的精髓，因為自我的本性，完全取決於一個人對自我暗示的了解與實際應用。

以另一個說法比喻，想要向他人推銷任何點子之前，自己得先完全買單才行。

各行各業的頂尖推銷人員都深諳此理，也常應用在工作中。如果他不懂這個道理，不可能成為銷售高手。

有些人獨具魅力、討人喜歡，是因為他們在有意或無意間，為自我注入了明確又正向的人格特質。

當「自我」被恐懼或自卑感侷限、牽制的時候，絕對無法成為任何事或任何人的主宰。如果大半精力都用來掙脫貧窮的枷鎖，不可能有機會開創富足人生。話雖如此，我們也不應忘記，許多富有的人都是白手起家、出身寒微，證明了貧窮和種種人生困境都能被克服！

一輛汽車由上百種零件組成，每一種都會影響駕車時的舒適度與安全性，因此缺一不可。這些零件經過分配、組裝，又形成三大部件，也是一般駕駛熟知的方向盤、油門與煞車。在三個系統共同運作下，駕駛能發動汽車、往任何方向行駛，也能隨時減速停止。

人類這部「機器」顯然比汽車還要複雜許多，不只組成多元，還會受到各種刺激因素的影響，例如渴望、恐懼、情緒等。總而言之，所有成功法則、各種失敗原因，都能歸結於一個關鍵要素：人類的自我。

自我就好比方向盤、油門與煞車，能對身體發號施令，加以啟動、引導方向，或停止運作。

簡單的「自我」兩字，其實融合了所有成功法則的精髓，是一股集大成的力量。只要能完全主導自我，任何人都能運用這股力量，實現自己的理想。

有些人驕傲自大、惹人討厭，原因在於他們不知道如何與自我建立連結，有效發揮自我的力量。自負、自我中心的表現，通常只是為了掩飾內心的自卑。一個人如果不能與自我好好相處，幫助自我發展，在與他人相處時，絕對也會不得其門而入。

要讓自我發揮實質效益，靠的是樂觀、熱忱、目標、抱負與計畫，而不是自吹自擂或自私。

與自我關係良好的人，都會秉持「少說話，多做事」的處世原則。想成就大事是很棒的理想，但是公開表示自己天賦異稟、肯定能闖出一番事業，只是反映了自我發展並不健全，這類自我膨脹的論述，也不過是遮掩內心恐懼的外衣而已。

心態與自我的關聯

如果能了解自我的真實本質，你便能了解「智囊團原則」的真正價值。不只如此，你也會發現，智囊團要發揮最大效益，成員必須充分了解你的渴望、理想與目標，與你立場一致，絕對不能與你背道而馳，或有任何衝突。為了幫助你實現重要人生理想，智囊團成員必須願意調整自己的目標與行事風格，必須相信你的為人，對你予以尊敬。他們必須願意支持你的價值觀、容忍你的過錯；必須願意讓你做自己，讓你依照自己的意思過生活。最後，你也必須提供他們某種形式的報酬，打造互利共生的關係。如果沒有給予適當報酬，無論你的名氣多大、成員多忠誠，智囊團都逃不了瓦解的命運。

我們與他人的往來，都出於特定動機。如果動機模糊不明，不可能建立長久的人際關係。多數人未能認清此一事實，因此與富有擦肩而過，落入貧困的深淵。

如何維繫與事業夥伴的關係、維持智囊團的良好運作，是卡內基分享的第一個成功祕訣——或許也是最重要的一個。

他善於為智囊團挑選人才，團隊成員不只具有豐富知識與經驗，更重要的是能依照卡內基的目標，與他的自我產生連結。

有個人聽聞了卡內基不惜重金禮聘查爾斯・施瓦布，每年支付他高達一百萬美元的薪水，驚訝之餘，他也很好奇施瓦布究竟有什麼特殊專長或知識，值得如此優渥待遇，於是他向卡內基提出自己的疑問，希望得到讓人滿意的答案。

卡內基說道：「查爾斯・施瓦布對於鋼鐵產業的了解，也許最多只能換得兩萬五千美元的年薪，但是他的人格特質以及他對我的影響，卻是無法用金錢衡量的珍貴資產。他讓我勇於將思考格局放大，給我十足的自信心，相信自己能克服一切挑戰。」

自我是一個人生命的重心所在，映照出自己的完美圖像。內心產生的每個意念，無論正面或負面，都會進入圖像裡。所有希望、理想、計畫，各種恐懼與限制，不論來源為何，都在此清楚呈現。

如果能慎選來往對象，心中懷抱明確的目標，便能有效形塑自我，並加以培養、引導，直到自我變成一股強大的力量，能幫助自己得到任何渴望的事物。如果忽視發展自我的重要，便會捲入歲月與命運的浪潮，一輩子漂流，最終墜入無成的深淵。

信念鼓勵我們相信人性本善，積極發掘他人最好的

一面；恐懼卻只讓我們看見他人的缺點。

Faith influences one to look forand to expect to find

the best there is in men.

Fear discovers only their weaknesses.

自古以來，能有非凡成就的人，都是願意用心培養、充實自我的人。他們是自我的主人，絕對不讓機運主導任何事。

為了讓讀者對「發展健全的自我」有正確的認識、避免誤解，接下來我將簡單說明培養自我的重點。

首先，必須找到一位以上的夥伴組成智囊團。團隊成員必須願意同心協力，貢獻個人的心智力量，一起為了某個明確目標努力，智囊團也必須持續運作、積極行事。另外，智囊團的組成、成員的精神與心理特質、教育背景、性別與年齡等，必須相輔相成，有助達成目標。舉例來說，卡內基的智囊團有超過二十人，每個人都有其獨特的心理素質、經驗或知識。

第二，在團隊成員的正向影響下，一個人必須思考智囊團如何達成目標，制定明確計畫，接著付諸實踐。如果計畫成效不彰，一定要修正調整，或以其他計畫取代，直到找到最適合的計畫，不過智囊團的目標絕對不能改變。

第三，如果任何人或事會讓自己感到自卑，或覺得無法實現目標，不管可能性再小，也要積極遠離、避免受其影響。負面的環境無法培養出積極樂觀的自我，因此在這方面絕對不能妥協。即便與對方先前互為朋友，或有血緣關係，只要是對自己有負面影響的人，一律要劃清界線、杜絕往來。

第四，想到任何過往經驗或遭遇時，如果因此開始自暴自棄或變得不快樂，就必須完全封鎖這一類思緒。許多人經常耽溺於過往不愉快的回憶裡，但這個壞習慣並無助於培養堅強、積極的自我。回想過去的失敗經驗沒有好處，唯有希望與實現理想的渴望，才能孕育出積極的自我。

意念是用來建構自我的磚瓦，「自我」完工落成的時候，從內部、輪廓到最不起眼的細節，都反映了當初用來建造的每一個意念。

福特正是因為突然領悟了這件事，才會大幅進行公司人事調整，撤換所有與自己經營理念不合的員工。卡內基正是因為充分了解此一真理，才會致力維持智囊團成員與自己的和氣氛圍。

第五，一個人必須刻意營造所處環境，讓四周充滿有助自我發展的事物，不斷向心智灌輸理想的自我特質與目標。舉例來說，一個作家應該蒐集自己景仰的作家的照片與著作，用於布置書房或工作室，並在書架上放滿有助創作的相關書籍。盡其所能，透過身旁的所有事物，持續將未來的願景圖像灌輸到自我心中。

第六，發展健全的自我隨時都在個人的掌控之中。一個人必須為自我設定明確目標，時常善用自我的力量。絕對不能放任自我過度膨脹，演變為自大狂妄，有些人便是因此自食惡果。

自大狂妄的外在表現，是以蠻力控制他人的強烈慾望，歷史上的知名例子包含納粹首腦希特勒（Adolf Hitler）、義大利獨裁者墨索里尼（Benito Mussolini），以及末代德意志皇帝威廉二世（Wilhelm Hohenzollern）等。

在發展自我的過程中，應遵循「不多不少，剛剛好」的原則。開始有主導他人的控制慾，或是貪圖自己無法善用的大量錢財時，便有誤入歧途的風險，這一類的力量自己會不斷擴張，很快造成失控的局面。

不過，大自然有一道安全防護機制，能避免自我過度膨脹，也能減輕負面影響，讓一個人在發展自我的過程中，不致於偏離正軌。愛默生將這道機制稱為「補償法則」，不論其真實名稱為何，這股力量都確實存在世界上。

在自負的驅使下，老羅斯福尋求第三度入主白宮。最後失敗落選，「自我」受到嚴重打擊，不久之後便離開人世。

拿破崙被流放到聖赫勒拿島（St. Helena），自此「自我」嚴重受創，生命開始凋亡。一個人先前過著活躍充實的生活，後來漸漸從各種活動淡出時，身心都會開始凋零，很快便駕鶴西歸。即使一息尚存，也終日愁眉苦臉、苟且過活。健全的自我永遠保持活躍，也隨時都在個人的掌控之中。

第七，自我並非僵固的存在，而是隨著心中的意念，往好或壞的方向不斷改變。我們無法準確估算需要多少時間，才能實現內心的渴望。渴望的實質內容、外在環境因素、渴望的強烈程度等等，都會影響從意念變成實體的過程。心中若有信念，便能加速過程，讓渴望更快轉化為現實，而且推進力道之大，幾乎能讓轉變即刻發生。

人類的身體需要二十年才能發育成熟，但是心智或自我要達到成熟階段，則需要三十五到六十年不等，這也是為什麼少有人在年少時，就能累積大量物質財富。能夠成功致富並保有財富的人，都是高度自律的人，他們有自信、明確的目標、進取心、想像力、精準判斷力，以及其他重要特質，自我因此能持續累積、保有財富。

全球剛陷入經濟大蕭條的前幾年，一家小型美容院的老闆娘看到一位老人無家可歸，便將後頭的一個房間提供給老人休息。老人沒有錢付租金，但是他非常善於調製化妝品。年輕的老闆娘因此向老人提議，如果他願意幫美容院調製化妝品，就算是付了房間的租金。

兩人很快達成共識，組成了智囊團，絲毫不知自己即將邁向財富自由的未來。他們成為商業夥伴，目標是成立化妝品事業，由推銷員將產品賣到家家戶戶。老闆娘出資購買生產原料，老人負責調製配方。

一開始，他們除了生產商品，也得自行推銷。老闆娘每天晚上挨家挨戶地兜售，老人每天也會固定花一點時間幫忙叫賣。

幾年過後，由於智囊團的成效極好，兩人決定共結連理，進一步鞏固這段關係。

老人前半輩子都投入在化妝品事業，但是一直沒什麼成就，年輕老闆娘的美容院，也只能勉強餬口。兩人的婚姻不只帶來幸福快樂的生活，也讓他們擁有了從未見過的力量，可以說自從他們成為商業夥伴的那天起，事業就開始起飛，為兩人帶來可觀收入。

在經濟大蕭條初期，他們在一間狹小的房間調製化妝品，還得自己挨家挨戶地推銷產品。但是到了大蕭條後期，他們的生意已經頗具規模，不只有專門生產的大型工廠，雇用了一百多名全職員工，更有超過四千名產品推銷員遍布全國。

儘管當時景氣低迷，販售化妝品這類奢侈品已經是難上加難，他們組成智囊團之後，仍在十年內成功賺進兩百萬美元。

他們擁有的財富，足以讓兩人餘生不愁吃穿。不只如此，他們能獲得財務自由，靠的正是兩人先前一貧如洗、還未組成智囊團時，所擁有的知識與機會。

兩個沒沒無聞、沒受過什麼高等教育的平凡人，卻能在如此動盪的時代，靠著自己的雙手締造商業奇蹟、成為百萬富翁。我很想知道他們成功的祕密，因此橫跨半個美洲大陸，前往他們家作客，希望深入了解他們的經營之道，以及兩人的人格特質。

我很榮幸有機會認識他們，親耳聽他們還原當時的情況。他們的故事實在太精彩了！（我很想分享這兩位成功人士的姓名，但是基於私人考量，可惜無法公開。）

讓他們組成智囊團、後續成為夫妻的動機，絕對是經濟因素。老人現年已經七十五歲，美容院老闆娘是四十歲，她先前曾結過一次婚，但丈夫不僅沒有賺錢養家，還在她剛生下小孩之後，一走了之、拋家棄子。

根據我仔細的觀察，他們兩人之間沒有任何能稱為愛的情感，不過兩人的相處非常融洽。這件事也呼應了卡內基強調的重點，也就是智囊團要成功運作，和諧的氛圍不可或缺。

他們家的後院有一個非常高級的游泳池，除了「一家之主」，任何人都不能使用，唯一的例外是特殊場合，不過仍得在先生的邀請下才能使用。

整棟房屋裝潢精美，但是除非特別經過同意，任何人都不能隨意彈鋼琴，或任意坐在客廳的椅子上，就連訪客也不例外。

主飯廳有著高檔精緻的家具，中間擺了一張晚宴用的長型餐桌，但是家人和訪客大多在另一間吃早餐用的飯廳用餐，很少被授權使用。

有一位園丁負責維護草坪，但是沒有一家之主的允許下，任何人都不得擅自修剪花木。

一家之主不喜歡的食物，絕對不會在餐桌上出現。

這些資訊完全來自我與房屋主人的對話，他的妻子從來不說半句話，只有被特別要求時才會開口，即使如此，她的發言也非常簡短，說話時字斟句酌，生怕一不小心激怒了她的「夫君」。

他們的公司有登記立案，先生是公司的總經理，擁有一間氣派的辦公室，裡頭有張手工雕刻的大型辦公桌，以及有著膨鬆軟墊的扶手椅。

在桌子前方的牆上，掛有一幅他的大型肖像畫。他會時不時盯著畫中的自己，頻頻點頭讚賞。

我們討論到公司在美國經濟最沒落的時代，化妝品事業仍能逆勢成長，創下驚人業績時，男主人認為商場上的一切成就，全是自己的功勞。他大談生意經的時候，妻子的名字都沒提到過一次。

雖然妻子每天都到公司工作，卻沒有自己的辦公室或桌椅。員工經常能看到她在工廠裡走來走去，神色平靜淡然，彷彿她只是來工廠參觀的訪客。

每一份出廠的產品，包裝上都印有男主人的姓名；每一台送貨卡車，也都以斗大的字樣漆上男主人的名字；公司印製的每一份銷售文宣、每一張廣告傳單上，都能一眼看到男主人的大名。她的名字則無人聞問。

男主人相信公司由自己一手創立、全權主導經營，少了他，公司的運作便會停擺。然而，事實恰恰相反，創立公司、主導營運的並不是他，而是他的自我。

少了他，公司也會繼續運作，甚至有更好的表現，因為他的自我是由妻子一手調教出來的。在類似的情況下，即使換做其他人，她也有能力將對方的自我，培養成一流的企業家。

男主人的妻子心裡已有清楚目標，且高度自制，她秉持無比耐心，將自己的人格特質完全收斂，順應丈夫的作為，接著一步一步餵養他的自我，徹底清除殘留的自卑感，消除因長期貧苦而對貧窮的恐懼，並引導她的丈夫相信自己是公司的重要支柱。

公司的每一項經營理念、每一個商業策略、每一次創新改革，其實都是她的點子，只是她巧妙地將想法灌輸到丈夫心中，讓他以為是自己的念頭，殊不知妻子才是幕後主使者。事實上，她才是整家公司背後的靈魂人物，他只是裝飾門面的展示品，不過這一組合所向無敵，公司亮眼的營收表現就是最佳證據。

企業家的妻子處事低調、鋒芒內斂的作為，不只證明了她過人的自制力，也展現了她的智慧。如果當初採取其他方法，她也許無法成就今日的結果。

如果兩人之後因為任何事傷了和氣、破壞了目前的和諧氛圍，公司或許會很快開始走下坡，在短時間內抹殺過去的一切成就。他們的力量顯然全靠丈夫的自我維持，而這一自我是聰慧的妻子巧手培育的結果。這個「二合一的自我」要持續運作，全仰賴她用心灌溉、仔細照料。如果不是她潛移默化的引導，企業家今日的處境絕對和結識妻子前一樣，是個走投無路、沒出息的老人——這麼說雖然非常不留情面，卻是不爭的事實。

從這個故事便能看出，貧窮與富有的主要差別在於「自我」，前者的自我受制於自卑感，後者的自我則充滿優越感。如果不是聰明的妻子將自己的意念灌輸到他的心智裡，用富足成功的念頭餵養他的自我，老人臨終前可能還是個無家可歸的窮光蛋。

類似的例子不勝枚舉。這個案例唯一特別的地方在於，所有事實都擺在眼前、真相呼之欲出。相較之下，多數案例的背後事實都被巧妙隱藏，因此難以釐清。

與福特第一次見面後，多年以來，我一直想不透福特為何在面對挑戰時，總能迎刃而解。後來因緣際會之下，我認識了和福特交情不錯的鄰居，對方私下和我透露福特夫婦之間的關係。

福特夫婦打從一開始，就將智囊團原則應用在彼此互動上，只不過福特女士總是低調行事、完全隱藏個人特質，因此大眾很少在媒體上看到她的名字。

我的可靠消息來源指出，最早期的時候，福特想要研發不用馬匹牽引的車子，但是已經沒有錢繼續做實驗，福特女士引導他將兩人最後的一點積蓄，用來實現他的理想。

不僅如此，福特做任何重大商業決定之前，一定會先與妻子討論。人人都想知道福特的自我有什麼特別之處，原來他的自我也結合了妻子的自我。福特的自我所展現的特質——單一的明確目標、毅力、自立與自制——其實都是福特女士潛移默化下的結果。

不同於前一個案例中的化妝品企業家，福特的自我不需要華麗的排場。他的辦公室裡雖然沒有巨大的個人肖像畫，但別因此覺得他沒有地位。與福特的汽車王國直接或間接相關的每一個人，都能感受到福特的影響力。每一輛完工出廠的汽車，都展現了他的價值觀與精神。追求工藝極致、打造人人都買得起的好車、提供就業機會給廣大人民，這就是他展現自我的方式。

福特不介意得到他人讚美，但他絕不會刻意追求。他的自我不像化妝品企業家一樣，需要妻子或他人無微不至地呵護。

福特借助他人知識與經驗的做法，與卡內基或多數企業大亨的方法完全不同。他的自我極為謙遜低調，不會要求他人肯定自己的努力，也不會因為別人的一句讚美就樂不可支、連聲道謝。

福特的心智，是世上罕見、真正偉大不凡的心智。他能造就偉大，是因為他發現了生活中的自然法則，並透過順應自然法則來幫助自己。不過，我相信他的成就，有一部分也要歸功於他的妻子以及許多當代思想領袖，包含發明大王愛迪生、農業科學先驅路德・伯班克（Luther Burbank）、自然文學作家約翰・巴勒斯（John Burroughs）與輪胎大王哈維・泛世通（Harvey Firestone）。福特與他們交情極好，五個老朋友多年來都有一個習慣，每一年會選定一段時間，暫時放下個人事業，一起前往某個幽靜、遠離人群的地方，彼此交流意見，讓自我獲得成長的養分。

這些人對福特的影響非常深遠，不容小覷。在好友的薰陶之下，福特的自我得到昇華，不只個性、經營理念有了明顯轉變，就連旗下生產的汽車外觀，也開始有顯著不同。

在研究成功人士的過程中，我發現了一個有趣的現象：一個人透過自身影響力，在世界上佔有的地位，恰好反映了他掌握自我的程度。以前面提到的化妝品企業家為例，他握有掌控權的地方，只限於自己家裡以及化妝品生產工廠。

相較之下，福特的影響力幾乎擴及整個世界，更推動了文明的進程。福特已經是自我的主人，因此世界上沒有他得不到的有形事物——他其實也早就擁有了夢寐以求的一切。

化妝品企業家展現自我的方式，是各種小心眼、自私自利的行為。但如此一來，他的影響力能掌控的也只有名下的財產，以及（不顧他人意願）支配家中、公司裡寥寥數人的權利。

福特表達自我的方式，則是不斷改善人類的生活、提升大眾福祉，他不必刻意努力，自然成為影響力遍及全球的重要人物。

這其中的道理實在發人深省，讓我們明白哪一種自我才值得用心培養。

信念是一種心境，透過渴望、相信、行動，

就能激發信念！

Faith is a state of mind that can be induced by

desiring, believing, and doing!

三十年來，我的成功學研究幾乎不曾間斷，最終也讓我發現，人與人之間的關鍵差別，僅在於每個人擁有的自我。

福特培養出的自我，讓他發明了汽車，打破地域的疆界。他的思維全圍繞在汽車的生產與銷售。

他一心想著受他雇用的上千名員工；一心想著在他手上的幾百萬美元資金；一心想著如何妥善運用資金，讓事業營運得更好。

他一心想著提供優渥的薪資與工作待遇，藉此維持企業競爭力，不讓公司受制於人。一心想著要有效分配上千名員工的工作，提高生產效率；一心想著如何與事業夥伴同心協力、打造和諧關係，也身體力行，將內部與自己意見相左的人全數撤換。

這些想法，孕育、滋養了福特的自我，最終形成一股無堅不摧的力量。這些特質沒有什麼特別，只要願意努力，任何人都能培養。

從一個人的眼神、表情、說話的語氣，

就能看出對方是心存信念或心懷恐懼。

Faith unmistakably identifies itselfthrough the look in one's eyes, the expression on the face, and the tone of the voice.

Fear identifies itself through the same sources.

福特著手開發汽車之後，許多人也相繼投入汽車製造，但是沒有人能像福特一樣名留青史——你可以隨便挑一個人，仔細分析對方的故事，很快就會發現背後原因。

你會了解到，福特的競爭對手大都因為自我設限，或者虛耗自我能量，最終半途而廢，宣告失敗。

你也會發現，這些被歷史遺忘的人，其實各個都和福特一樣聰明。許多人不只教育程度比福特高，也比他積極、有創意。

然而福特和競爭對手之間的主要差別，在於他的自我將觸角延伸到個人成就之外，其他人卻限制了自我，壓縮發展空間。由於自我無法成長，引領個人前進，他們的計畫也因此受阻，窒礙難行。

繼福特之後，上百人也投入汽車製造，與他同場較勁。其中有一個人進展神速——如果不是他的自我出現瑕疵，他原本有機會大放異彩，讓福特的汽車王國黯然失色——這位可敬的對手有許多出眾特質，包含跟小羅斯福總統（Franklin D. Roosevelt）一樣的領袖魅力，豐富的學經歷，一流的推銷技巧，以及能夠引導眾人和氣共事的能力，與過往輝煌的成就記錄，幫助他得以取得所需的營運資金。

身處事業顛峰時，他就是自己公司的總經理，旗下生產的汽車廣受消費者歡迎，在目標市場銷量第一。前途一片光明，遠勝過剛起步時的福特，他的名字在當時，備受全國矚目。

他有一個活潑、有幹勁，也有事業心的自我。以一般人的標準而言，福特絕對不是他的對手。然而，在他登上事業高峰時，恰好發生了一件事，讓他的事業傾倒，幾乎一夕之間從汽車產業消失無蹤。究竟發生了什麼事？成功沖昏了他的頭，任憑自我的泡泡不斷膨脹，最後再也支撐不住而破滅。

健全的自我，不會因為他人的讚揚或批評就失去方向。

在各行各業有所成就的人，都會事先設定明確目標、制定計畫，接著以最短、最可行的路徑，朝著目標筆直前進。他們不會半路停下來，只為了聽敵人說了些什麼，或花太多時間與朋友鬼混。換言之，成功的人能控制自我，不會縱容自己沉溺於喜愛的事物，也不會讓自己受到討厭的事物影響。

許多人登上了人生的高峰，最後卻落得貧窮不得志的下場，背後原因大都是受到他人影響，養成了隨波逐流的壞習慣。類似這樣的例子我聽過上百個，因此做出這樣的結論並不為過。

沒有人曾聽過福特徹夜狂歡，沒有人曾在報紙上讀到福特誇耀自己的成就；福特的自我不與這些負面影響往來。也正因為如此，即使在多數人認為老而無用的年紀，福特仍然健康硬朗，過著富足的生活。

福特的自我，完全在他自己的掌控之中，因此能站得更高、看得更遠，也能發揮更大的影響力，造福美國、甚至全世界的人。這是多麼了不起的成就！

福特的力量不全然來自知識或智力，他的力量並非建構在教育程度的多寡，也與運氣、機緣或命相無關。福特的力量純粹是福特自我的展現——沒有一絲恐懼、不受任何束縛。

有一次福特受邀到白宮[4]，面對記者提問，福特表示自己是應羅斯福總統邀請，「讓總統看看一個一無所求的人。」他這麼說並不是在自誇或開玩笑，而是據實以告。福特已經培養出健全的自我，也能時時掌控自我，因此他有能力取得任何想要的有形事物。這就是賦予他強大力量的關鍵，沒有其他玄妙複雜的原因。

在福特的公司裡，有上千人的教育水準比他高、個性比他出眾，跟他一樣資質聰穎，他和這些人的主要差別，只在於自我。在福特的用心培養下，他的自我不受任何限制，不任意耗費力量。其他人形塑自我的方式，則是隨波逐流、生活沒有明確目標、缺乏偉大志向。這是唯一的不同，卻也是決定人生成敗的關鍵差異。

福特的自我幾乎已經定型，我想連福特自己都無法再改變。他的自我總是充滿樂觀的正能量，相信世上沒有過不了的難關。福特的心智在這種心態的薰陶下，能持續發揮信念的力量。他的心智絕對不會退縮，只會堅定往前邁進。

人類的自我，也就是個人的人格，就好比一個磁鐵，能吸引與自己互相調和的事物。福特將渴望和計畫注入自我，排除一切限制，自我因此成了一個磁鐵，成功吸引到最強大的自然法則——「信念」。福特便是在信念的幫助下，實現自己的理想。

多年以來，福特一直想打造出偉大的工業帝國，最後也美夢成真。福特的自我一心只想實現一個目標，這股執念的力道之大，抑制了心中其他渴望。同理，

4 編按：原文為「華盛頓」，譯者推敲語意，譯為「白宮」。

如果能集中渴望的力道，聚焦在明確、單一的目標上，並將這股渴望強化為烈焰般的執念，便能順利實現目標。

偉大的領導者能成就偉大，是因為一些外在的影響因素，激勵他們排除自我心中的限制，並以滿滿的信念取代。

法國皇帝拿破崙（Napoléon Bonaparte）的自我能夠所向披靡，無疑是受到第一任妻子的影響，但他後來與妻子離婚，主動脫離她的影響之後，便開始走下坡，最終也難逃失敗的命運。

英國大文豪查爾斯・狄更斯（Charles Dickens）在第一任愛妻的影響下，發展出更新的自我，更因此寫出名著《塊肉餘生記》（*David Copperfield*），書中的故事，恰恰反映了他的人生遭遇。

林肯（Lincoln）對安・拉特利奇（Anne Rutledge）的愛慕情懷，讓他的自我深受啟發，進而以她的抱負作為個人理想。若非如此，林肯今日絕對還是個沒沒無聞的律師。

愛迪生的自我能名揚天下，塑造出美國偉大的發明天才，他的第二任妻子功不可沒。打從愛迪生第一次見到她，一直到臨終前，妻子一直都是重要的人生支柱。她對愛迪生有深刻影響，讓他的自我更加完整，這是愛迪生親口告訴我的事。

在這幾個例子裡，這些男性都是因為有賢內助發揮正向影響，才能培養出更健全的自我，進而開創不凡。我曾看過上百個人生小有成就的男性，他們能成功，也都是因為妻子的影響。

內心受誰的影響越深，言行舉止也會越來越趨近對方的樣子。

我們總是在學習、模仿他人，也自然會想效仿心中崇拜的對象。既然如此，如果崇拜的對象具有堅定的信念，這個人就有福了，因為在努力效仿的過程中，對方的特質也會感染自己。

最後，我想針對「自我」這一課題做個總結。自我就像一片沃土，我們能選擇用心灌溉，施予激勵自我的肥料，孕育出積極的信念，也能選擇放任不管，讓地上長出恐懼、疑慮、猶豫不決的雜草，最終成為「失敗」的不毛之地。只有發展健全的自我，才能催生出實踐信念，幫助心智善用信念的力量，激勵個人採取行動、追求成功。

世上所有偉大的領導者都懷抱實踐信念，

這難道不夠發人深省嗎？

Is it not significant that all great leaders are known

to possess great Faith?

CHAPTER 3

熱忱

ENTHUSIASM

熱忱，是在心靈力量的加持下，轉化為行動的熱切情感；熱忱，是一切偉大成就的起點！

每個人都想開創屬於自己的成功人生，但是唯有將熱情的火苗，轉化為烈焰般狂熱的執念，過程中堅持不懈，最終才能品嘗成功的甜美。

四十幾年前，在某個偏遠的山區住著一個小男孩。有一天，他的繼母將他獨自叫到客廳，語重心長地說了一番話。這段話不只在他的心裡種下渴望的火苗，也改變了他的人生。小男孩長大之後，又將這把渴望之火傳遞給數以千計的人，讓他們個個心懷鬥志，期許自己將來能發揮所長，成為能主導命運的人。

小男孩當時只有十一歲，常被村民嘲諷是「沒出息的孩子」。他的繼母告訴他：「大家都不了解你，他們說你是村里最沒出息的孩子，但是你並不是；你是最積極上進的孩子。你只需要有一個清楚的目標，用你好學的心努力追求這個目標。你有豐富的想像力，又自動自發，我覺得你可以成為很棒的作家。如果你願意努力看看，把拿來對鄰居惡作劇的時間和精力，投入閱讀和寫作，你也許會發現有朝一日，自己會變成這裡的大人物。」

繼母的語氣好似有什麼特別的力量，竟在這個「壞孩子」的心中留下深刻印象，他感受到繼母在諄諄教誨中展現的熱忱，也立刻開始照著她的建議努力。

十五歲時，男孩所寫的新聞報導與雜誌專題故事，已經登上許多小眾報紙與雜誌的版面。他沒什麼寫作才華，但是文章字句充滿熱情，還算能打動人心。

二十五歲時，《鮑伯・泰勒雜誌》（*Bob Taylor's Magazine*）的主編要他採訪安德魯・卡內基，針對他的事業成就寫一篇專題報導。也許是命中注定，那次的任務又讓他的人生掀起一陣波瀾，他得到了寫出暢銷著作的機會，能像當初繼母說的那樣，成為影響力遍及全國的作家。現在，他是家喻戶曉的人，大半個地球的人都知道他。透過寫作，他也為社會做出貢獻，讓美國精神得以延續，不致消亡。

在訪問卡內基的過程中，這位年輕的記者深受卡內基的熱忱打動，心中的熱忱之火也隨之點燃，這股鬥志便是他的書熱銷多年的祕訣。

在此，我要很自豪地宣布：那個「壞孩子」不是別人，正是我自己。

這一章的主題是「熱忱」，時光首先要倒回一九〇八年，當時卡內基正在他的書房裡，引導我這位新學徒了解熱忱的奧祕！

希爾：卡內基先生，我準備好聽您分析「熱忱」這項成功法則了。能不能請您解釋熱忱的意思，談談一個人如何主動培養熱忱？

卡內基：情緒受到刺激，便能培養熱忱。

希爾：這麼說來，情緒發揮作用時，就是熱忱？

卡內基：這是很精簡的解釋。如果要更精確一點，可以說熱忱是一種自主產生的情緒，一種我們能自行產生的感覺。不過，你的解釋其實忽略了一個重點：

對熱忱的控制。知道如何激發情緒固然重要，但是知道如何調節、掌控情緒，或是完全關閉情緒的運作，也同等重要。

討論情緒控管之前，我們不妨先想想善用熱忱有哪些好處。

首先，熱忱能透過實際行動展現，它的源頭是內心的渴望，背後並有一個動機支持。一個人不可能有一股腦的熱忱，卻沒有任何動機。因此，各式各樣的熱忱，都來自有明確動機的渴望。

熱忱能分為兩種：消極與積極的熱忱。又或者應該說，展現熱忱的方式有兩種：情緒受到刺激而展現熱忱，這是消極的方式；透過言行舉止展現強烈情感，這是積極的方式。

希爾：哪一種比較好，積極還是消極？

卡內基：要看實際情況而定。一定會先有消極的熱忱，才有積極的熱忱，畢竟一個人必須先有情緒感受，才能以任何行動或言語表達。

有時候，展現熱忱可能會讓他人覺得過於急切，或是在不希望他人看穿自己的時候，暴露自己的心思，所以不一定有好處。因此，一個人不管在什麼情況下，都要能控制自己的情緒，這一點非常重要。一個人也要能自在地公開表露自己的情感。要做到這兩件事，關鍵在於掌控。

我先簡單說一下消極與積極的熱忱各有什麼好處。首先，透過一種或多種情緒展現的熱忱，能夠提高心中意念的振動頻率，讓意念更為強烈，進而讓想像力開始工作，想辦法實現熱忱背後的動機。

熱忱能改變一個人的語調，讓聲音變得更動聽、有吸引力。推銷人員或公眾人物如果無法隨心所欲地展現熱忱，說話便沒有魄力，無法服人。一般人聊天時也是如此，只要說話時充滿熱忱，再枯燥乏味的主題也能引人入勝。如果沒有熱忱，即使是高潮迭起的故事，也會變得平淡無奇。

熱忱讓人在思考與行動上更為積極奮發。如果對自己做的事毫無熱忱，實在很難把事做好。

熱忱能消除身體的疲憊、克服人心的惰性。俗話說，世上沒有真正懶惰的人，懶惰的人只是生活缺乏目標，無法讓自己燃起熱情。

熱忱能刺激整個神經系統，讓身體的運作更有效率，其中包含促進食物消化。因此，用餐時間應該是一天最開心的時光，不應該拿來處理私人或家庭衝突，也不該趁這個時候糾正孩子的過錯。

熱忱能刺激大腦中的潛意識區，讓潛意識開始工作，實現熱忱背後的動機。除了讓心智深受激勵、得到啟發，目前沒有其他方法能主動活化潛意識。我也要強調，不論情緒是正面或負面，潛意識心智都會加以回應。潛意識對於恐懼會立即做出反應，對於愛也是如此。潛意識會迅速接收對貧窮的憂懼，也會馬上回應富足的感受。因此，務必了解熱忱是一種正向的情感。

熱忱具有感染力，能影響身旁每一個人，所有推銷技術一流的人都知道這個道理。此外，透過積極或消極地展現熱忱，我們也能影響他人。

熱忱能消除各式各樣的負面思緒，驅趕恐懼與憂慮，讓心智能自由展現信念。熱忱是意志力的雙胞胎兄弟，是持續驅動意志力的重要關鍵。熱忱也是維持恆心的好幫手，可以說意志力、恆心與熱忱就像三胞胎，能讓一個人持續努力，同時將身體能量的損耗減到最低，因為熱忱能將疲憊與靜態能量，轉化為活躍的能量。

愛默生曾說：「沒有熱忱，不可能造就偉大。」這句話蘊含的深刻真理，其實少有人完全理解。然而我想愛默生一定早就明白，熱忱能讓一個人說的每句話、做的每件事，都更臻完善。

希爾：我曾聽人說過，一個作家會在不知不覺間，將自己熱情滿滿或意興闌珊的態度，投射到自己的創作中。因此，就連一般人都能從字裡行間，判斷作者寫作時的心境。您覺得這個推論合理嗎？

壯麗的哥德式教堂、文藝復興時期著名畫家拉斐爾與提香筆下的聖母像、偉大的悲劇作品，以及驚天地、泣鬼神的音樂創作，都出自匠心獨具的滿腔熱忱。

The Gothic cathedrals, the Madonnas of Raphael and Titian, the great tragedies, the miracles of music—all sprang out of some genuine enthusiasm.

卡內基：這不只是合理的推論，而是事實。你不相信的話，不妨自己試試看。一個人寫的文章即使被翻譯成其他語言，大致上仍能忠實呈現寫作當時，自己感受到的熱忱。我聽過有人說，廣告文案人員如果對自己寫的文案沒有熱忱，不管文案有幾分真實，都不會成功。我也聽說過，律師如果對手中的案子沒有熱忱，便無法順利說服法官和陪審團。許多證據也顯示，醫生對行醫濟世的熱忱，是治癒病人的最佳工具。熱忱有助建立信心，因為熱忱和信念密不可分。

熱忱意味著希望、勇氣與自信心。如果我決定讓某個員工升遷，或雇用某個人擔任主管，前提都是對方要先對那份工作有熱忱、看起來躍躍欲試。很多年輕人會來我們公司應徵速記員或行政人員，根據我的觀察，他們在工作上展現的熱忱，決定了自己能晉升到何種管理階級。

希爾：如果展現過多熱情，有沒有可能造成反效果？

卡內基：有，不受控制的熱忱就和毫無熱忱一樣，多半沒有好處。舉例來說，有些人只在乎自己、只對自己的想法有熱忱，與別人聊天時總是顧著講自己的事，這種人一定不受歡迎。而且不願意傾聽的人，也失去許多學習機會。

此外，有的男人將熱情投入賽馬等賭博遊戲，甚至走火入魔；有的男人則一心只想找到不勞而獲的方法，不思積極進取、從事有意義的工作；有的女人沉迷於打牌與社交場合，對打理家務、經營夫妻關係不屑一顧；這種不受管控的熱情，對身旁的人可能只有百害而無一利。

希爾：對於從事勞力活的人，熱忱有任何幫助嗎？

卡內基：在我的公司裡，許多高層主管都是從最低階的職位做起，他們的經驗就是最好的答案。我的團隊裡事業成就最亮眼的同仁，最一開始是個打樁工人，他的前一份工作是卡車司機。我當初會注意到他，就是因為他做事充滿熱情，這個特質也幫助他一路扶搖直上，晉升到公司最高的位階。

所以，無論從事什麼工作，熱忱都是很棒的資產，因為熱忱有助結交朋友、培養自信，也能化解他人的敵意。

希爾：熱忱對於家庭關係又有什麼影響呢？

卡內基：在談家庭之前，我們不妨先想想，在兩個人決定結婚的過程中，熱忱扮演了什麼角色。

你有聽過一個男人不用殷切追求，展現對女方的愛慕與熱情，就能贏得芳心嗎？反之亦然，如果女方對男生一點興趣都沒有，兩者也不會交往。

因此，婚姻的基礎通常是伴侶對彼此懷抱熱情，未來兩人如果放任熱情冷卻，婚姻就可能出現問題。夫妻之間的關係雖然名為愛情，但是說穿了，愛不就是兩個人對彼此展現的熱情嗎？

希爾：在什麼情況下，熱忱對一個人的幫助最大？

卡內基：組成智囊團的時候。兩人以上為了共同的明確目標，秉持團結一心的精神，通力合作的時候，智囊團每一位成員的熱忱，都會投射到彼此心中。在一群人的心智彼此調和、相輔相成之下，這種加乘效應所創造的熱忱，能夠影響每個人，也是大家都能自由運用的力量。

希爾：從您說的這些來看，我想許多人都誤會了「熱忱」的真正意思。

卡內基：確實如此，「熱忱」可以說是最常被誤解的英文單字了。許多人講的充滿熱忱，不過是口無遮攔地表達自我，這一種情緒激動的心理狀態，其實只是虛榮心的展現，沒有任何意義，如果經常縱容自己這麼做，後果不容小覷。

希爾：您剛才提到，公司裡有許多員工憑藉自身熱忱，不斷往上晉升，能不能請您多說一點？熱忱對他們的工作有什麼影響，讓他們能受到主管賞識？

卡內基：熱忱不只影響了他們的工作，也影響了與他們一起工作的人。一個人在工廠上班，每天可能接觸上百位同事，如果他消極悲觀，可能會連帶影響他人，讓大家變得跟他一樣負面。而樂觀積極、具有工作熱忱的人，同樣也能感染身旁的人。因此，從這裡你就能看出，為什麼樂觀的員工，遠比悲觀的員工更有價值。

充滿熱忱的員工，樂於工作，也會自然展現樂觀開朗的態度，影響身旁的人。最後，大家都會變得更積極、做事更有效率。

不過，經常展現熱忱的人能晉升到更理想的職位，其實還有另一個原因。前面提過，熱忱能激發個人的想像力、進取心，讓心智更敏銳靈活、個性更受人歡迎，也因此能左右逢源。有了這些心理素質，未來一定無往不利，能順利爭取自己能勝任的職位。

心中的每一個意念，最終都會留下痕跡，成為個性的一部分。促成這種轉變的機制是自我暗示法則。

一個總是心懷正念的人，所思所想都在提升自我的力量。我們不用成為預言家，也大概能知道這個人的未來發展如何。透過一個又一個的意念，慢慢建立起完整的人格，不只能自立自強、有堅定意志力、豐富想像力、恆心、進取心，更有勇於追夢、實現理想的鬥志與勇氣。面對這樣的人才，雇主不讓他升遷也難。如果雇主不懂得借重他的才能，他也能尋找其他伯樂，在一路上依照自己的目標，持續進步、成長。

希爾：我明白了。一個充滿熱情的員工，不只能對其他員工產生正面影響，在個性上也有許多優點，因此對雇主來說是可貴的資產。您的意思是這樣嗎？

卡內基：一點也沒錯，這項原則不只適用員工，也適用所有人。以一家零售商店的店長為例，你會發現他的態度會影響店裡所有員工。我聽說厲害的心理學家可以隨便走進一家零售商店，花個幾分鐘研究內部員工，就算從來沒親眼看過店長、聽過店長說話，也能精準描述店長的行事作風——實在讓人佩服。

希爾：這麼說來，一家商店或企業其實有自己的「個性」，會受到內部的風氣和文化影響，對嗎？

卡內基：是的，在家裡或是人群固定聚集的地方都是如此。知覺敏銳的心理學家能走進任何一戶人家，感受一下家中「氛圍」，就能準確說出家庭成員之間是和樂融融或是經常爭執不休。一群人的心態會形成一種氛圍，進而對所處的環境產生長期影響。

舉例來說，每一座城市都有自己的頻率，反映出主流文化與居民的心態。不只如此，每一個街區、街區裡的每一條巷弄，都有自己獨特的「個性」，因此一位訓練有素的心理學家，即使雙眼被矇住，任意走在一條街上，也能從街上的氛圍獲得足夠的資訊，進而準確描述當地居民的特質。

希爾：聽起來太不可思議了。

卡內基：對於外行人來說也許如此，但是在擅長解讀人心的專家眼裡，這種事其實再普通不過。如果你不太相信，不妨自己做個實驗。你可以沿著紐約市的第五大道散步，一邊走、一邊感受繁華的氛圍。接著前往另一側的貧民區，同樣順著大路走，觀察四周的破敗。你會發現第五大道與貧民街區有著截然不同的特質，一個正向活潑、一個負面黯淡。

接著，不妨將實驗場域換到個人家裡。選一個關係和睦、成員彼此支持的家庭，先不要和家中任何人交談，仔細感受這個家的氛圍。之後到一個家庭關係不良、經常發生衝突的家，同樣用心感覺家中氛圍。等你累積的實驗次數夠多，就能從親身經驗知道，每一個家庭確實都有一種無形的「氣氛」，完全反映了家庭成員的心理特質。

這個實驗也會讓你明白，世界上存在著某種未知的自然法則，能讓思考習慣變得根深蒂固，甚至徹底內化。這項法則不只能讓意念烙印在個人心中，也能讓意念影響個人所處的環境。

希爾：我先前就注意到每個家庭的氣氛各有不同，但我認為其中差異來自家庭成員的經濟地位。依我看來，貧窮人家因為屋舍簡陋、家徒四壁，因此給人貧窮的感覺；有錢人家的家裡金碧輝煌，因此散發富裕的氣息。您不覺得房子的實體外觀、擺設，會影響一個家給別人的印象嗎？

卡內基：我們不能完全靠表象判斷，因為表象不一定可靠，許多人就是因為這樣而被誤導。家裡豐衣足食，不代表家庭關係一定和睦；家裡一貧如洗，也不表示家人彼此交惡。

不過，這不代表生活環境不重要。我們的心智會接收環境反映出的正面或負面氛圍，並加以回應，因此環境非常重要。家中物資匱乏，會塑造出貧困的生活環境，一個人如果因此認定自己貧窮，就會養成「貧窮思維」。反過來說，如果致力追求富足生活，便能培養出「成功思維」。

正所謂「人要衣裝，佛要金裝」，一個人身上穿的衣服，對他做事的態度也有影響。事實證明，即使是毫不起眼的小細節，例如鞋底磨壞的鞋子，也會給人一絲自卑感；有污漬的上衣或滿臉沒刮的落腮鬍，也會有同樣的影響。這些道理大家都懂，但不是每個人都知道這些看似微不足道的細節，其實有著深遠的影響。

你可以開到美國中西部一帶，觀察農民的土地情況和屋舍外觀，就能知道他們的思考習慣，有貧窮思維的人會放任農場和屋舍髒亂不堪，你只要親眼見過，就能體會這個道理。市區住家也一樣，只要稍微看一下居住環境，就能清楚知道屋主的做事態度。草坪的外觀、房屋狀況，以及進屋時感受到的「氛圍」，也都是判斷的依據。

希爾：卡內基先生，我從來沒有這樣想過，您這番話實在發人深省，原來透過觀察周遭環境和個人儀容，也能分析一個人的個性，這真是一個好方法。

卡內基：美國陸軍將領對於士兵的儀容非常要求。他們從過往經驗中得知，一個蓬頭垢面、不注重儀容與環境整潔的人，無法成為驍勇善戰的軍人。也因為這樣，美國陸軍和海軍會定期進行檢查，仔細檢視儀容。一個人的外表，會如實映照出他的內心世界。

同樣的原則在商場上也適用，只是沒有軍紀般嚴格。舉例來說，有些零售店家對於門市銷售人員的服裝儀容非常要求，甚至也會定期抽查。他們從經驗中學到，消費者對一家店的觀感，主要取決於銷售人員的穿著是否得體。許多員工便是因為儀容乾淨俐落，讓主管眼睛為之一亮，更因此獲得提拔。服裝儀容當然不是決定升遷的唯一因素，但是從一個人注重外表的態度，便能看出其他個性優點。

希爾：我明白了！一個人的穿著打扮就像招牌，能幫內在打廣告。

卡內基：你抓到重點了！沒有人能將自己的內心獨立出來，與外表和周遭環境切割，兩者可以說互為一體。

這個道理可以用在人身上，也能用在家畜或野生鳥獸身上。雀鳥會維持羽毛整齊潔淨，禿鷹等比較邋遢的鳥類，則不太注重自己的外表。俗話說：「整潔就是對上帝虔誠。」實在有幾分道理。自然界有許多精神飽滿、活力充沛的生物，從牠們的外觀與棲息環境就能看出其天性。光是這個自然觀察，就足以提醒我們打理自己的重要。

希爾：您所謂「精神飽滿、活力充沛的生物」，就是指展現熱情的動物，對嗎？

卡內基：這是一種解讀方式，用來比喻人也行得通。我們會形容一個人容光煥發、充滿熱情，或是死氣沉沉。儀容邋遢、精神委靡的人，與自然界無精打采的動物並無差別。所以，我想確實可以說有些動物能展現熱情。以一隻訓練有素的狗為例，你會發現這隻狗除了開口說話，沒有什麼事難得倒牠——狗其實也會說話，只是人類聽不懂而已。

希爾：我們換個主題，能不能請您談談對熱忱有負面影響的因素？

卡內基：沒問題，我們先講幾個比較常見的熱忱「剋星」，其中包含：

一、貧窮：這是破壞力極為驚人的要素。有人說，當貧窮一腳從前門進，希望、鬥志、勇氣、進取心和熱情都會拔腿就往後門跑。

二、病痛：一個人生理或心理生病時，便很難對任何事懷抱熱情。

三、經商失敗：如果不能從失敗中學習、重新整裝出發，失敗的經驗會逐漸消磨掉當初創業的鬥志。

四、戀情告終：我沒看過有人經歷傷心的分手之後，還能全心全意懷抱著熱情做事。

五、家庭紛爭：如果知道工作結束回家後，等著自己的只是一番唇槍舌戰，想必很難對自己的事業、職業或工作抱持熱忱。

六、對信仰猶豫不決：遲遲無法決定自己的宗教信仰，因此深感苦惱的時候，會發現心中的熱情之火逐漸熄滅。

七、恐懼：熱情與恐懼彼此水火不容，此處的恐懼包含對任何事物的恐懼。

八、缺乏明確主要目標：不積極主導人生，跟著機遇的浪潮隨波逐流的人，無法控制自己的熱忱。這種人即使心懷熱忱，也只會用在雞毛蒜皮的小事上，長期下來並沒有實質效益。明確的人生目標，是最好的熱情催化劑。一個人有了目標後，便能累積實現目標的強烈渴望，也自然能培養出熱忱。

九、缺乏自律：任憑情緒控制自己的人，很容易淪為負面情緒的階下囚，負能量當然是熱忱的天敵。

十、缺乏對無窮智慧的信念：一個人學會順應無窮智慧時，所展現出來的熱忱最有幫助，因為他能完美調和信念與熱忱，幫助自己堅定朝目標前行。

十一、做事習慣拖延：做事習慣拖泥帶水的人即使展現熱忱，效果也非常有限，因為背後並沒有明確的支持力量。

十二、自行其是，不願與他人合作：智囊團是最能有效培養、發揮熱忱的方式。老是獨來獨往的人通常憤世嫉俗，對什麼事都沒有熱情。

十三、朋友與事業夥伴不忠：遭到他人背叛通常會澆熄一個人的熱忱，至少會在短時間內造成影響。

十四、缺乏教育：這項因素對熱忱的影響被過度高估，話雖如此，仍有許多人相信教育水平不高，也無法燃起熱忱。

十五、缺乏提升自我的機會：這項因素與貧窮一樣，對熱忱都具有極大的殺傷力。很多人似乎從來不知道如何透過熱忱，吸引成功的機會。

十六、他人惡意批評：一般人受到批評時，第一個反應通常是沈默、不發一語，接著收起自己的熱忱；有些人則惱羞成怒，開始攻擊對方。

十七、年事已高：有些人認為年歲增長不代表智慧漸增，而是越來越不中用。對於熟悉成功法則、能身體力行的人，歲月的累積相對帶來能力的提升，自己對心智更加了解、也更能熟練運用。

十八、消極的心態：無論遇到什麼事，如果總是往壞的一面想，絕對無法培養出熱忱。

十九、遲疑與憂慮：如果想養成發揮熱忱的習慣，一定要對某種事物有堅定的信念！凡事存疑的人，通常悲觀負面，進而養成猜忌的習慣。如果放縱自己懷疑，最後就會延伸到所有事，變得疑神疑鬼。猜疑、猶豫不決與消極拖延，都只會讓內心更焦慮。這個熱忱剋星極為常見，但一般人其實有能力避免，只要設定明確主要目標，卯足全力追求，心裡便容不下任何遲疑，自然不會老是心神不寧。

二十、與思考負面的人經常往來：如果成天與悲觀和憤世嫉俗的人膩在一起，不可能維持鬥志與熱忱。

二十一、缺乏抱負。

二十二、懷疑與猜忌。

二十三、經常怨天尤人，充滿負能量。

這些便是摧毀熱忱的惡勢力！

心智被這些熱忱剋星占據時，會變得消極悲觀。熱忱來自樂觀的心智，也就是已經養成正向思考的習慣，總是散發正能量的心智。

除非能激起心中每一分熱忱與鬥志，否則無法用盡全力、拿出最好的表現。

希爾：這麼說來，必須清除心智裡的任何負能量，熱忱才有可能成為一種思考習慣，對嗎？

卡內基：沒錯，熱忱表達的是希望、信念，以及必勝的決心！憂慮、懷疑與模糊的目標，並不能讓熱忱萌芽。只有與熱忱相輔相成的行動，才能成功培養熱忱。光是空想、做白日夢，絕對無法激發熱忱。

一個人秉持強烈的渴望，一心想達成某個具體目標，也全力以赴的時候，內心的渴望便會昇華為積極行動的熱忱。

希爾：熱忱接下來會整頓心智，準備好迎接信念，對嗎？

卡內基：培養熱忱有三個具體步驟：第一步，清除負面思考的習慣。第二步，向心智灌輸明確主要目標，背後並有動機支持。第三步，採取實際行動，過程中努力不懈，讓目標背後的動機成為一股強烈的執念。

藉由養成更強大、積極的習慣，我們能打破消極的思考習慣。在這一方面，

「實際行動」扮演非常重要的角色。只是發下宏願，壞習慣並不會消失，一定要用行動養成更強大的好習慣，加以取代才行。

希爾：這麼說來，沒有捷徑可走，一定要自己努力才行，對嗎？

卡內基：許多人不想努力，大半時間都用來找藉口不做事，但是到目前為止，沒有人真的聰明到能不勞而獲，最後都會走上失敗一途。

希爾：如果工作是為了達成明確的目標，實現自己的理想，則努力工作也可以是一種樂趣，是不是這樣？

卡內基：你所說的正是開創成功人生的關鍵。沒有找到內心的平靜與快樂，算不上一種成功。一個人在追求明確主要目標的過程中，如果無法感到快樂，又有什麼能真正讓他快樂呢？許多人誤以為工作只是為了賺錢，讓自己負擔基本生活費用之餘，還能享受人生的小確幸。然而，工作其實是讓自己快樂的方法，遊手好閒的人不可能快樂，投入自己熱愛的事情才會快樂。

一個人沒有熱忱，又有什麼用處呢？

What is a man good for without enthusiasm?

我擁有許多財富，但是老實說，這些錢不會讓我快樂。讓我快樂的是從事規劃、生產、創造，還有幫助他人找到屬於自己一片天的過程和一切。金錢與物質財富如浮雲，都只是方便我做事的工具而已。吝嗇的人永遠不會快樂，只有懂得運用有形財富展現自我心智，也幫助他人活出自我的人，才有可能得到快樂。

如果以正確的心態投入工作，工作確實可以是一種樂趣。我曾問過愛迪生，他怎麼能連續工作好幾個小時都不會累，他的回答其實在我預料之內，他說：「我實在太投入自己手上的事了。你所謂的工作對我來說就像休閒娛樂，我不怕花太多時間，我只怕時間不夠用——真希望自己不用睡覺，能一直工作下去。」

他並沒有說謊，他對工作的熱愛已經成為一種痴狂。他是如此享受工作，甚至能從中獲得樂趣。一個人如果找到自己所愛，懷著滿腔熱情投入，就能有像愛迪生這樣的經驗。

愛迪生的熱忱讓工作不再是苦差事，他因此能經歷上千次失敗仍不放棄，堅持到自己成功的那一天。這也說明了他為何能成為世上最偉大的發明家。發明是他的嗜好，他研究新發明時，並不是在「工作」，而是在玩樂，而且是縱情玩樂。仔細觀察任何著迷於工作的人，你會發現工作帶給他們莫大的快樂。

希爾：我了解您的論點，但是我不斷想到那些出生貧寒、沒機會受教育的人——我自己是過來人，所以了解那種成長環境——如果一個人眼裡看到的一切、接觸的所有人，都與貧窮脫離不了關係，又要如何對任何事懷抱熱忱？

卡內基：我想這一題你可以自己回答。你不妨從自身經驗出發，想想當初是如何擺脫貧困的家境，你做了哪些事？你秉持什麼樣的心態，讓自己能夠爭取到更理想的生活？是不是靠著滿腔的熱忱？那再仔細想想，你是怎麼培養出熱忱的？找到這些問題的答案之後，我不必再多說什麼，你就知道如何回答自己的問題了。

希爾：我能夠脫離貧苦的生長環境，都要歸功於一位不願向貧窮低頭的偉大女性：我的繼母。她引導我設定人生目標，運用心中的渴望激發想像力，即使後來離鄉背井，我也從未半途而廢。就像您說的一樣，她的熱忱具有感染力，我從她身上看見了熱忱，也因此培養出自己的熱忱。不過我很幸運，剛好有位樂觀正向的母親，並在她的影響下成長，但是不是每個人都能如此幸運，對於沒有受到幸運之神眷顧的人，他們該怎麼辦？他們要如何擺脫家境貧窮帶來的負面影響？

卡內基：我很高興你提出這些問題，因為我剛好有答案能給你，也希望你牢牢記住。我在前面說過，一個人受到他人的正向心智鼓舞，決定摒棄貧窮思維，以成功的決心取代自暴自棄的時候，就是他人生的轉捩點。我承認在多數情況下，轉捩點會出現，都是因緣際會，碰巧遇到對的人。這其實也是我想強調的重點。正是因為有這個體悟，我才會在過去這麼多年來，一直想找個得力助手，協助我統整出成功學。這部成功學完成之後，就能成為一股外在影響力，幫助世人擺脫自己不想要的事物，其中包含貧窮思維。

所以，我現在給你的這些提點、指導，其實就是為了回答你剛才提出的重要問題呀！等到成功學問世、成效經過肯定之後，便會傳播到全美國、全世界，幫助那些有需要的人。我們在統整成功法則的過程中，也要提醒自己用語力求淺顯、直白，讓各種教育程度的人都能理解。說明成功法則時，不能只告訴大家該做些什麼，才能早日脫離負面的生活處境，也必須一步一步引導他們！我們要盡一切所能，讓成功學簡單易懂，讓任何人都能一目了然。

希爾：這麼說來，我的問題就像迴力鏢一樣，又回到自己身上了！

卡內基：不是，你的問題給了我一個大好機會，讓我能幫助你明白自己擔負的重任。對於為貧窮所苦的人來說，你就像他們的救星，我希望你帶著這份使命感，完成統整成功學的大業。你正在努力幫助世人解開心智的枷鎖，讓他們不再被自己設下的限制束縛。從這個角度看待你的工作，你就永遠不需要擔心缺乏熱忱，唯一要擔心的可能只是太賣力工作，沒有充分休息而已。

接下來我要說的話，應該會讓你非常開心。我選擇你做左右手，來幫助我統整開創成功人生的法則，嘉惠美國與世界各地的人，其實有兩個原因。首先，在我提供這個機會時，你能及時把握，另一個原因則是你的出身背景。正因為自幼家貧，你能理解社會需要一部勵志的成功學，點醒眾人、幫助他們擺脫貧窮思維。

你知道身無分文的感覺，是因為你曾體會過貧困的生活；你知道豐衣足食的感覺，是因為你現在開始享受富足的生活。更重要的是，你知道如何脫離貧窮，又或者，等你寫出這部成功學之後，你便會知道如何脫離貧窮。

你能體會為什麼「逆境中蘊含著對等的機會種子」，因為你的自身經驗就是最有力的證據。幼年時困窘的生活環境，便是你最大的契機。我希望你能將這個道理分享給更多人，因為這是至關重要的人生真理。在一個人遭遇挫敗，心灰意冷、熱忱盡失的危急時刻，這個道理的重要性才會完全顯現。如果能充分體悟這個道理，就會發現失敗只是暫時，也會明白在人生失意的時候，某處必定藏有能反敗為勝的機會種子，靜靜等待自己發掘。如此一來，失望之情便能轉化為前進的動力！

希爾：我看您眼神閃爍，想必您是刻意引導我提出這個問題，好讓您能開導我一番，對吧？

卡內基：你說的沒錯。我就是在等這個機會，讓你腦筋一下子轉不過來，也才能幫助你有所領悟，將心中的疑慮轉化為信念。

一直以來，我知道你擔心成長環境不好的人，無法擺脫貧窮。你的擔憂來自你的個人經驗，你目前也還沒徹底脫離出生時的環境，無法完全擺脫小時候的影響。不過，今後你不必再焦慮了。從現在開始，你會認識許多具有成功思維的人，他們的故事一定能帶給你希望與信念。你會發現，他們每個人都有跟你類似的遭遇，但也因此能成為心智的主人、開創成功的人生。

我的確事先設了一個陷阱。這個圈套讓我有機會引導你自己悟出真理，了解眼前工作的真正價值。未來當你告訴任何人「逆境中蘊含著對等的機會種子」時，便能以自身經驗做例子。你說的話會比誰都有說服力，因為這是根據你自己的親身遭遇，而非聽來的消息。話說回來，這還只是其中一個圈套而已，你可要小心一點了！

希爾：您的意思是說，出生貧困的人要脫離貧窮的束縛，只能依靠他人正向積極的影響嗎？

卡內基：不，絕對不是！有些人生來具備的特質，就能幫助他們找到脫離貧窮的出路，這些人一旦開始自力更生之後，就會努力尋找扭轉人生的方法。

希爾：不過如果能遇到貴人，激發他們的鬥志與信心，他們就能更快找到方法，對嗎？

卡內基：沒錯。但是根據我的經驗，這些人開始尋找戰勝貧窮的方法，也成功找到出路之後，遲早還是會在人生的路上遇到某個人，深受啟發，因而培養出想像力、進取心，或是讓自己如虎添翼的重要特質。我不曾聽過有人能不靠貴人提點、不受他人協助，就能成為傑出的成功人士。無論我人生有什麼成就，大都要歸功於他人的慷慨相助。

希爾：您認為一個人應該養成依賴他人協助的習慣，還是應該自動自發、積極作為？

卡內基：比起依靠他人，積極行動的人比較有可能成功。一個人想做某件事的時候，應該自動自發、積極運用手邊的資源來達成目標，他越懂得善用自身資源，越能吸引到更有幫助的資源。過度仰賴他人幫忙，並不會被這個世界青睞。我曾讀過一句讓我印象深刻的話：「有些人在他人鼓勵之下，能一舉成功，但少有人在內心的惡魔與天使交戰過後，還能成功。」我很喜歡這句話的後半部分，他人的鼓勵固然是一大助力，但自己給自己的鼓勵更是成功不可或缺的關鍵。

希爾：對於「具備成功的決心，但是缺乏熱忱」的人，您會怎麼鼓勵他們？

社會上的確有這樣的人，難道他們注定失敗嗎？

卡內基：你這麼一問，又快讓自己掉入另一個圈套了。我其實已經回答過這個問題了，你不妨自己試著找到答案。

希爾：啊！我想到了！答案就是智囊團原則，因為在智囊團的幫助下，任何個人的缺失都能被補足。卡內基先生，這就是您心中的答案，對嗎？

卡內基：完全沒錯！我認識十幾個半點熱忱都沒有的人，但是他們仍在各自的領域有一番成就。他們非常聰明，在智囊團中安排了幾位懷抱熱忱的成員。我自己的智囊團裡，也有幾個人完全沒有熱忱，其中一個甚至被大家貼上「掃興鬼」的標籤——不過這也是他存在的目的，他的工作就是找出不管用的計畫。他會質疑每一件事情、每一個人，平常繃著一張臉，只有睡覺做美夢的時候才會笑。雖然這麼說，他可是團隊中非常珍貴的資產。不過，如果沒有其他成員運用熱忱激發想像力，提出各種計畫和想法，他也無用武之地。正所謂當局者迷，提出想法的人，很難公正客觀地評估自己的想法。

希爾：卡內基先生，看來我成功將你引入我的圈套裡了，因為你剛剛承認了一個人即使沒有熱忱，也能夠成為團體裡的重要人物！

卡內基：再想想看吧。你似乎忘了我之前說過，我的智囊團裡也有成員專門提供熱忱。缺乏熱忱的人，必需有充滿熱忱的人才能發揮作用，反之亦然。兩者相輔相成，他需要對方的創新發想；他們也需要他來「平衡」一下，避免判斷流於主觀。

希爾：我懂您的意思了。如果缺乏熱忱的人只照自己的意思行事，也許不會那麼有價值。

卡內基：你這個圈套的邏輯謬誤就在這裡。好了，你有沒有發現，其實你已經踏入了當初設計給我的圈套呢？你現在對智囊團原則的認知，正是我一直想幫助你建立的觀念。你現在明白，智囊團應該包含提出想法與批評想法的人，兩者必須合作無間。每個智囊團必須至少有一個「掃興鬼」，專門檢視其他成員提出的想法，只有這樣才能實現不偏頗的「熱忱」。

內心充滿熱忱的人多半有一個缺點，他們無法有效控制自己的熱忱，需要他人提供有建設性的回饋。

希爾：我明白了，我會記得將這個重點納入成功法則。許多人恐怕不知道您剛才解釋的這番道理，才會缺乏判斷力，選錯了事業夥伴。

卡內基：你現在做的就是真正的分析。事業無成通常是因為用人不慎，這種情形我已經見怪不怪了。現代工業體系非常複雜，一家公司需要不同類型的員工投入，才能順利運作。如果過度重用某一類型的人才，等於一開始就讓自己陷入不利處境。

希爾：要怎麼管理團隊，才不會讓「掃興鬼」抹殺了創新人才的熱忱呢？

卡內基：一家經營得當的公司知道這兩種人都很重要，都是企業成功的關發現了自身的弱點，才能找到自己的長處。

A man doesn't know his strength

until he realizes his weakness.

鍵。你也知道，專業的批評回饋，和他人出於「雞婆」給的意見完全不同。有些人好管閒事，喜歡指導別人如何做事、如何說話，這種意見就屬於後者。專業的批評則是一種善意的分析，目的是幫助所有相關的人。提供專業的批評時，通常會故意持相反意見，藉此釐清真相、確保事情考慮周詳。

希爾：這麼說來，您認為雇主也應該接受員工善意的批評嗎？

卡內基：當然，不這麼做的話，就無法讓員工發揮最大的價值。雇主如果不願聽取部屬善意的建言，身邊只是一群唯唯諾諾的員工，實在很難成功，也永遠無法實現理想。現實生活中不乏這種例子。

希爾：您的見解真是發人深省。您貴為鋼鐵產業的龍頭，曾說過自己對業界最大的貢獻，是您識才用人的精準眼光，能找到有能力、肯付出的優秀人才。如果我的理解沒錯，您現在分享的，正是打造傑出團隊、開創成功企業的祕訣，是不是這樣？

卡內基：沒錯。這部成功學的最終使命，就是揭示為人處世之道。人際關係是世界上最重要的課題，決定了人生的成敗。教育制度如果要發揮最大效益，應該教導學生如何經營人際關係，如何處事圓滑、盡量不得罪他人，好讓自己順利實現人生目標。這種能力遠比人文與科學知識重要。文科與理科的長才俯拾皆是，雇主只要付出薪水，想要多少便有多少。相較之下，善於經營人際關係的人才卻屈指可數。別忘了，成功學的宗旨在於引導世人學習與人和諧相處的藝術，進而讓他人願意仿效，發揮正向影響。

希爾：原來如此，謝謝您的分享。我現在對「熱忱」這件事有更深刻的體悟了。熱忱不能被單獨挑出來討論，因為它與其他成功法則相關，必須互相搭配，才能發揮最佳效果，提供實質幫助。

卡內基：你對成功學的理解越來越透徹了。不同成功法則的確會互相影響，就像鎖鏈一樣彼此扣合。舉例而言，熱忱與自律、性格魅力、有計畫的努力，以及組織思考力等法則直接相關。如果發揮熱忱的時候缺乏自律，最後可能只會養成說大話的習慣，不可不慎。

希爾：「習慣」也是成功學中經常出現的字眼呢！

卡內基：沒錯，「行動」兩字也很常見，兩個都是關鍵字。不斷重複的行為會形成習慣——這裡指的不只是思考習慣，還有外在習慣。廣告行銷人員知道一再重複行銷訴求，是廣告宣傳成功的關鍵。因此廣告商每年砸上百萬美元，只為了持續播放廣告、凸顯商品名稱。如果重複法則在行銷界站得住腳，在其他領域也一定行得通。

任何想法第一次提出時，有些人根本沒聽到；如果複述一次，他們可能會覺得聽到了一些雜音，但是仍不清楚發生了什麼事；如果再重複一次，他們會對內容有個模糊的印象；如果重複了第四次，他們也許能將內容聽清楚，但是不會了解其中意思；大概要到第五次之後，這個想法才會滲入他們的意識裡。不過之後如果沒有持續重複，什麼印象也不會留下。

這裡指的是新的想法或理念，一般人需要花點時間才能習慣新事物，第一次接觸時，通常也不太能接受。只有訓練有素、自律、敏銳的心智，能在第一次聽到創新理念時欣然接受，但是這種心智非常罕見。未來你想推廣新的理念時，別忘了我說的話。

希爾：卡內基先生，我想到有三個字在第一次說出口的時候，對方不只聽得一清二楚，也能立刻聽懂。這三個字非常普通，就是男人會向鍾情的女子說的：「我愛你」。

卡內基：的確如此，但是「我愛你」並不是什麼全新的想法！愛情是自古以來就有的東西，而且就算如此，這三個字不常掛在嘴邊的話，也會失去意義。如果你不相信，可以觀察一個男人不再向妻子或情人表達愛意之後，會發生什麼事。浪漫能激發的熱情，也許比世界上任何事物都還要多，但是如果沒有經常透過言語、行動維持情感的熱度，浪漫也會漸漸凋萎、死亡。友情也是一樣，如果忘了用言語、行動表達對友情的重視，很快就會發現朋友離自己遠去。所以，即使是看似堅定的友情，也需要不斷用行動支持，才能延續下去。

希爾：這也說明了凡事皆有代價，任何有永久價值的東西，都要先付出同等代價，才能真正享有。

卡內基：任何東西都是！愛情、友情也不例外。如果以為這些重要的人際關係都能無償擁有，那就大錯特錯了。這些感情其實最需要用心經營，一旦不再以言語、行動努力維繫，這些關係就會凋亡。

希爾：卡內基先生，真不好意思。我不是刻意要岔開話題，打斷您對熱忱的分析。

卡內基：唉呀，不會，不會。回到剛剛的話題，「愛」這個主題能燃起的熱忱，比任何事物都強大。愛情和友情如果少了熱忱，就什麼也不剩了，這些情感可說是心靈受到啟發的最高層次。

希爾：這個比喻甚至能進一步延伸，改成「世界上如果沒有愛情和友情，人活在世上也沒有意義了。」

卡內基：是的，這些人際關係幫助人類開創璀璨的成就。一個人如果沒有朋友、沒有伴侶，不如回歸原始，和叢林野獸一起生活。

希爾：我從未想過熱忱與生活的美感也有關聯，但我想事實的確如此。

卡內基：不只有關聯，更是決定性的關鍵。一個人欣賞或創造藝術的能力，就是一種熱忱的展現。如果你還記得，熱忱其實就是一種極為強烈的感受，因此它與各種正向情緒都有直接關係。

希爾：所以，熱忱是心智採取行動的媒介，能激勵各種積極作為、讓一切正向動機發揮作用。

卡內基：很好，你慢慢了解我想傳達的觀念了。現在你知道為什麼愛默生會說「沒有熱忱，就不可能造就偉大」，如果沒有徹底領略熱忱的力量，我想他不會說這句話，他心裡一定明白，熱忱是一切正念與積極作為的起點。

希爾：是的，我現在了解您為什麼一再強調，一個人必須用執念般強烈的動機，來支持自己追求明確的人生目標。動機要成為一種執念，背後一定有熱忱加持，是不是這樣？

卡內基：沒有錯，也別忘了，只要學會控制自己的思考與行為習慣，就能培養出熱忱，過程和養成習慣的方式一樣。

希爾：有個問題困擾了我許久，但您的這番話剛好給了我解答。我發現一般講者在開始演講的前幾分鐘，都有一個「暖身」，之後才會開始展現熱忱。剛才聽您分享熱忱與行動的關聯之後，我認為「暖身」的重點是協調心中意念與口語表達。意念透過外在行為呈現，能被進一步強化，成為一股熱忱。

卡內基：我從沒這樣想過，但我認為你說的沒錯。在公開演講這方面，我最近也有一個新的體悟。我發現一個講者在熱情達到最高點的時候，提出來的想法也最獨到、最讓人驚豔。從這裡就能看出，熱忱能激發想像力，讓思考更敏銳，而且在熱忱達到最高點時，也許還能激發潛意識，讓講者直接與「無窮智慧」產生連結。我很早以前就觀察到，在情緒激動的狀態下提出的想法，更容易得到潛意識的回應。

希爾：從您的這番話來看，先前提過的「信念」，其實和熱忱脫不了關係。

卡內基：沒錯。強烈的熱忱也許加快了意念振動的頻率，讓意識心智能直接與無窮智慧連結。如果這個假設正確，就能說明為何有些禱告能如願實現，有些則石沉大海，得不到任何回應。我曾和許多人聊過禱告這件事，每個人都說禱告時必須懷抱實踐信念，否則絕不會應驗。由此可見，熱忱這種情緒能清除心中的雜念，讓信念順利發揮作用。

如果這個假設真的成立，除了禱告之外，還能應用在其他事情上。舉例來

有恆心，便有實現理想的可能，

因此務必追求最高的境界，方能止於至善。

Since the persistent man is likely to have

what he desires, be sure to ask

only for the things that are best.

說，一個人養成設定明確目標的習慣，也落實在日常生活中的時候，很快就能得到夢寐以求的事物。努力將思緒聚焦在渴望的事物上，假以時日便能培養出信念，相信自己有能力實現理想。現在，我希望你仔細觀察渴望變成信念的過程，你會發現渴望受到熱忱支持的力道越強，越能轉化為堅定的信念！熱忱的力量越大，越能激發信念，甚至能在渴望的事物還沒到手之前，就能在腦中看到自己實現夢想的畫面。把「渴望」兩字換成「祈禱」，基本上是一樣的過程、一樣的結果。怎麼稱呼這股神奇的力量並不重要，因為不管用什麼命名，都不會減損它的威力。一個人的心境才是真正的重點，恐懼、疑慮、猶豫不決、缺乏熱忱一定會帶來負面結果，打亂渴望法則的運作。內心如果被這些負面情緒主導，渴望的事情便不會有正向結果——這一點我非常肯定，因為我花了大半輩子爬梳自己和他人的經驗，從中得出這個結論，絕對不會錯。

缺乏熱忱不只會影響明確目標法則，也會減損渴望或禱告的力量，導致負面結果，這個道理必須牢記在心。

希爾：這麼說來，無法培養熱忱的人，不就注定一事無成了嗎？

卡內基：不，我不會這樣說。注定一事無成代表「無望」、已成定局，就好比「死亡」一樣，沒有轉圜餘地。我對任何事都習慣保留彈性，不要全盤否定。沒辦法或不願意培養信念的人，還是能透過智囊團原則找到希望，結交能培養熱忱的人來彌補不足。

如果是憂鬱症或慮病症（Hypochondria：經常懷疑自己罹患嚴重疾病）的極端案例，也能尋求醫師協助，透過暗示療法緩解症狀、暢通思緒阻塞，不至於影響自己培養熱忱。有證據指出，壞脾氣、悲觀、冷漠、怠惰、注意力不足等，通常都是由一些可治療的生理病症引起。在多數情況下，這些表現也與腦部思考迴路的異常有關，可以透過暗示療法（一種溫和的催眠治療）與自我暗示練習加以矯正。不過，前提是要了解心智的運作機制，自己也要拿出決心，願意消除惡性因子，讓心智恢復正常運作。

希爾：看來熱忱與健康也有許多共通點。

卡內基：沒錯，甚至可以說一個人發現自己缺乏熱情、做事提不起勁的時候，就該停下腳步，好好照顧自己的健康，因為他一定會發現身體某個地方出了毛病。身心都健康的人很少感到意志消沉，因為敏銳的心智無法在一個死氣沉沉的身體裡運作。

希爾：如果是喝酒的習慣呢？是不是也會消磨掉一個人的熱忱？

卡內基：飲酒的影響可不只是消磨熱忱而已。喝酒的當下會讓人充滿熱情，但是當醉意退去，開始宿醉的時候，酒精的殺傷力才真正可怕。人有一定的酒量，超過這個份量的酒精，進入身體後會損害抵抗力，影響身體。以人體而言，除了醫生在治療時使用的藥劑之外，唯一安全的興奮劑，是透過激勵與熱忱得到的「心智刺激」。這種刺激對身體沒有副作用，是大自然賦予我們的良藥。如果能養成啟發自己的習慣，絕對好處多多，勝過酒精、毒品等任何合成興奮劑。

希爾：所以您譴責喝酒和使用毒品？

卡內基：當然！除非是醫師為了治療疾病，經過專業的評估後指示病人使用。

希爾：您也不贊同在社交場合小酌嗎？

卡內基：如果把握適度原則，在社交聚會上小酌當然沒有關係，但是很多養成酗酒習慣的人，都是從小酌一杯開始的，滴酒不沾還是最安全的作法！

希爾：聽說許多偉大的作家、音樂家、詩人都是在喝酒之後靈感湧現，才能創造出不朽作品，像是蘇格蘭詩人羅伯特・伯恩斯（Robert Burns）、美國詩人愛倫・坡（Edgar Allan Poe）、詹姆斯・萊利（James Whitcomb Riley）以及作曲家史帝芬・佛斯特。

卡內基：也許他們真的是在醉意中完成佳作，但是別忘了，他們的人生也充滿悲劇色彩——我們只知道故事的一小部分，不知道背後還有多少辛酸。酒精和健全的心智無法並存，烈酒會暫時讓大腦更為活躍，但後續也伴隨頭痛、反應遲鈍等副作用。如果經常以酒精麻痺心智，一個人受到激勵、鼓舞的能力會漸漸萎縮，無法再藉由大自然原有的方式，以毫無負面影響的自然能量激發心智。一個人能因為熱忱感到興奮、鬥志高昂，但這種振奮感之後不會讓自己頭痛欲裂，也不會讓大腦變得遲鈍，辨認不出能激發熱忱的正向事物。

希爾：依此看來，如果一個人不依循自然的方式刺激大腦，改投向酒精的懷抱，最後就得為自己的決定付出代價，失去大自然賦予的禮物。您的意思是這樣嗎？

卡內基：正是如此。任何干擾大自然運作的行為，一定會受到懲罰，不只是心智刺激，其他面向也一樣。舉例來說，大自然讓我們長出頭髮保護頭部，但是如果有人想更動大自然的設計，自作主張戴了一頂過緊的帽子，阻礙了血液循環，髮尾因此得不到養分，最後就會掉髮、禿頭。

如果一個人不順應大自然的方式，靠喝酒、吸毒來刺激大腦，最後也會受到大自然的懲治。只不過，自然之母對這類人類行為更加厭惡，除了以頭痛與身體中毒作為懲罰，還會讓人繼續耽溺其中！如果你有親友深受酗酒與吸毒的惡習所苦，便知道擅自以忤逆自然的方式來刺激大腦，會受到多麼殘酷的懲罰，甚至會引起病痛，導致死亡。

希爾：我明白了，從您的分析中，我也得到了全新的體悟，更了解以負面意念刺激大腦時，會對自己造成何種損害。我發現大自然對於缺乏信念的懲罰，就是讓一個人養成多疑多慮的習慣。

卡內基：在個人內心層面，不論處於何種狀態，同樣的道理也適用。如果內心充滿正能量，大自然會透過習慣法則，幫助你培養正向心智，一輩子享有樂觀積極的諸多好處。如果內心負能量滿載，大自然也同樣會用習慣法則祭出懲罰。

希爾：所以一個人的所思所想、所作所為，全都被大自然看在眼裡？

卡內基：對，任何一個念頭都躲不過大自然的法眼。一個人腦中產生的每個念頭，所做的每個舉動，都會成為自己性格的一部分。

希爾：照這樣看來，如果內心所想盡是負面悲觀的念頭，最終也會導致負面的作為，對嗎？

卡內基：這就是大自然的運作機制！也因為這樣，許多人喪失了培養熱忱的能力。他們摧毀了自己運用自然媒介激發心智的能力。這些人沉迷於酒精與毒品中，一心相信這些虛偽的興奮劑對自己有益，殊不知酗酒吸毒只會加重大自然的罰則而已。想要借酒澆愁，用人為方法擺脫恐懼、憂慮或悲傷的人，最後下場就像陷入流沙的人，越是奮力想把自己拉出來，越是想要掙脫，只會越陷越深。

希爾：我從沒想過酒精會和冷漠或缺乏熱忱有關係，但是從您的分析來看，確實是如此。

卡內基：如果你曾經看過宿醉的人，就知道酒精只有百害而無一利。宿醉時的人表情扭曲，眼睛布滿血絲，而且脾氣非常差。他的反應變得遲鈍、容易擔驚受怕，腸胃不舒服、胃口也不好。

相較之下，看看一個內心充滿強烈渴望、熱忱或是其他正向力量的人，仔細觀察對方的心智狀態，你會看到平靜、沉著、炯炯有神的雙眼、悅耳的嗓音、柔和的神情，以及敏銳靈活的心智。

比較這兩種人，就會發現：除了受到激勵、啟發，與靈感有關的感受外，其他與大自然運作相違背的作為，必然會有不好的結果，這是無庸置疑的事實。

希爾：我確實注意到這些現象了，卡內基先生。我也發現您的例子不只適用酒精成癮的人，對於用憤怒、恐懼、仇恨、嫉妒或任何負面情緒填滿心智的人，這個道理也成立。

卡內基：一點都沒錯，其實所有的好習慣、壞習慣，都會在一個人的面容、說話的聲音上，留下無法抹滅的印記。這也是大自然審視個人如何運用珍貴的思考力量，進而給予獎勵或懲罰的方式。自然之母在每個人的臉上刻畫出他的內心世界，好讓全世界都能看出他的本性。呆滯的眼神、刺耳惱人的嗓音、僵硬的臉部表情、噘起的嘴唇、緊繃的身體，全都是心靈無法安適的明顯特徵。

希爾：聽您一說，我突然想到，如果一個人能仔細端詳鏡子裡的自己，徹底了解自己的內在特質，也許會有很大的幫助。

卡內基：如果能學會辨識我剛才說的特徵，這的確是很好的方法。不過，要了解自我的真實樣貌，還有一個很可靠的線索：自己的內心感受。

熱忱、樂觀、獨立自主，都是一個自律的人具備的可貴特質，如果少了這些特質，心智狀態就會亮紅燈。這是千真萬確的事，絕對沒有例外。一個人如果能與自己、與世界安然共處，晚上就寢時，一定會對未知的明天充滿期待，我們每天都能做這個自我檢測。

心中無法懷抱希望的時候，心智一定出了狀況，必須盡快處理。大自然顯然給了每個人一個自我分析的好方法，能從這個簡單的檢測，準確判斷心中是否有希望的蹤影。

希爾：我不曾用這種角度思考「希望」這件事。剛好您談到這個主題，我回想了一下自己有限的經驗，發現您說的確實不假，您的分享也幫助我更了解明確目標法則。一個人如果設定了明確主要目標，便能藉此評估自己是否具有各種正向特質，例如自立、進取心、想像力、自律、創意思維、邏輯思考，以及其他關鍵特質。一個人覺得成功的希望渺茫，不相信自己能實現明確人生目標的時候，就該馬上警覺，知道某個關鍵的特質被遺漏了，而且有壞習慣正在心智的某個角落萌芽。是不是這樣？

卡內基：說得太好了。希望是信念的前身，心中沒有希望，信念便無法萌發。沒有熱忱，也不會有希望，因為兩者密不可分。事實上，熱忱便是希望的具體展現！一個人因為內心渴望，先有了希望，接著借助熱忱表達希望，之後進一步昇華為信念，有了信念，便能越挫越勇、克服各種難關，成功實現自己的明確主要目標，或者先達成短期目標，為之後實現主要目標鋪路。

因此，希望、熱忱與信念都是意義不凡的關鍵字，不只彼此密切相關，也決定了人生成敗。少了任何一個，成功都會變得遙不可及。

希爾：也就是說，熱忱是成功的必要元素？

卡內基：沒錯。「心態」決定了一個人能不能成功，而且從我們剛才的討論中，應該也能看出「熱忱」就是最重要的態度。執念般強烈的渴望，和熱忱是一樣的東西。所謂熱切的渴望，其實就是有熱忱加持的渴望。這種渴望能激發創意思維、進取心，鼓勵一個人自立自強、設定明確目標，也有助培養各種正向特質，為成功的人生鋪路。

希爾：原來熱忱有這麼多兄弟姊妹，我現在才知道。它好像和所有正向的心智特質都有關。

卡內基：是的，不只如此，熱忱也具有強大威力，能抑制各種負面特質形成。因此，它不只能激發心智，還能保護心智、抵禦壞習慣入侵。

希爾：俗話說：「每天開懷笑一笑，煩惱憂愁全拋掉。」就是這個原因吧？我突然想到，有些人臉上總是掛著笑容，他們在談天的時候，也通常只會分享正向積極的事情。

卡內基：如果你再深入觀察就會發現，經常笑容可掬的人，即使沒有開口說話，大家也都能看出他們的內心充滿正能量。再進一步分析，你就能看出心態和外在行為之間的關聯，一個人微笑的時候，也會對大腦產生正面影響。

比起規定學生上體育課、強迫大家運動，讓學生開心玩遊戲、在過程中累積運動量，其實幫助更大，這也是一樣的道理。學生喜歡玩遊戲，而強烈的興趣有助達成身心協調。

希爾：這不禁讓我想到，「動機」其實主導了我們做的每一件事。我小時候如果做錯事，父親會處罰我半蹲，過程中消耗的體力，其實和去河邊釣魚差不多，但是兩件事的影響卻完全不同。

卡內基：這是當然！被迫做事的當下，內心完全沒有熱情，但釣魚就不同了，而且釣魚時，身體與心智彼此協調配合，這是被迫工作時沒有的感受。我想你釣魚時耗費的力氣，搞不好是半蹲的十倍之多，你卻樂在其中，反倒覺得半蹲比釣魚還累。

做任何事情，如果懷抱熱忱去做，一定比興致缺缺去做還要省力。

希爾：這是因為心態會影響一個人做事需要的體力，對嗎？

卡內基：沒錯，光是比較工作和玩樂耗費的體力，就能看出做一件事當下的心態，會決定體力消耗的程度。不管做什麼事，只要抱持熱忱，工作就不再乏味枯燥。因此，每一天，我們都應該花點時間做自己喜歡的事，藉此調劑身心。俗話說：「只工作不玩耍，聰明孩子也變傻。」這可不是玩笑話，背後其實有可靠的心理學根據。

希爾：不過，有些人比起休閒娛樂，更喜歡工作。對他們來說，工作難道不算一種休閒嗎？

卡內基：某種程度上算是如此，不過如果想保持身心健康，應該偶爾變換自己的思考邏輯與行為模式。努力工作很重要，但也要懂得盡情玩樂，而且要學習調整心態，能從「工作模式」完全切換到「玩樂模式」。這其實是一種自律，對健全的身心發展至關重要。有些人直到晚上睡覺前一刻，還在埋首工作，但這種人一般活不久。這時就需要運用自律的力量，讓自己將重心從工作轉移到放鬆，同時保有對兩者的熱忱。

我們的身體需要均衡多元的飲食，也需要多元的思考和行動。如果生活只有一種模式、工作內容一成不變，最後就會變成食古不化的人，不只無法分辨事情的輕重緩急，也失去自律的能力。一個人應該保持彈性、動靜皆宜，能在不同心態、舉止之間自由轉換，時時刻刻都泰然自若。只有這樣，才能不被日常生活的原則束縛，不囿於習慣的框架，維持自由的靈魂。

多年來，我每天都會做心智的切換，將重心從自己的主要目標，轉移到毫不相關的事情上。有時候我會去打高爾夫球，有時候看書，或是聽音樂——我尤其喜歡聽交響樂。重點是，我每天都會花點時間清空思緒，暫時不去想未來有哪些重要目標。我發現這麼做有助沉澱心靈，之後回歸重要目標的時候，心智彷彿煥然一新，反應更加靈敏，做事也更有效率。

世界上最可憐的，莫過於從小就不被允許玩樂的孩子。這種困苦的童年經驗會打擊孩子的心靈，影響往後的人生。人活在這世上，就是要持續培養新的習慣、不斷成長，才能過快樂的生活、維持身心健康。人類正是因為這種天性，才會喜歡旅行。旅行能改變我們的思維，為心靈充電。

希爾：卡內基先生，您的這番話太深奧了，我得好好思考消化一下。不過，我也因此更了解熱忱在生活中扮演的角色。更重要的是，我學到如果要延續熱忱，必須在思考與行為中加入變化，因為單調乏味的生活會澆熄心中的熱忱。我以後放鬆玩樂的時候，一定會想著玩樂對心智的好處。

卡內基：這正是我希望你理解的重點。不管做什麼事，心裡都要有明確的目標，因為有了目標，做起事來就會充滿幹勁；也只有這樣，才能把熱忱變成一種習慣。在工作、玩樂的時候加入熱忱，就能產生這種效果。

希爾：所以，徒有熱忱，沒有計畫或目標，等於一點用處都沒有嗎？

卡內基：不只毫無用處，還可能造成傷害！熱忱和其他情緒一樣，都必須受到個人自律的嚴格管控。

希爾：對您來說，自律就是主動建立好習慣，幫助自己培養、控制熱忱，對嗎？

卡內基：是的，要練習自律，養成習慣是我們能掌控的唯一方法。

CHAPTER 4

熱忱之解析

ANALYSIS OF
CHAPTER THRER
by Napoleon Hill

熱忱是一個人最珍貴的資產。

熱忱勝過金錢與權勢。由一小批工人累積的財富，也許很難引起共鳴，但只要有滿腔熱忱，便能憑一己之力說服眾人、主導全局。

熱忱能戰勝偏見與反對的聲音、驅走消極的心態，幫助自己筆直朝目標前進。熱忱有如海嘯般強大，能一次吞噬眼前所有困難。

熱忱便是發揮作用的信念。

結合了信念與進取心的力量，便能克服艱鉅挑戰，造就前所未聞的創世之舉。

讓名為「熱忱」的細菌漂浮在你的工廠、你的辦公室、你的農場裡；讓熱忱感染你的態度、舉止，接著四處傳播，在你不知不覺中布滿產業的各個角落。讓熱忱幫助你提高產能、降低成本；讓熱忱為你的員工帶來歡笑、喜悅與滿足；帶來活力、真誠與積極。讓它在生命的岩縫中埋下自動自發的種子，長出成功的甜美果實。

——澳大利亞政治家亨利・切斯特（Henry Chester）

任何人讀了卡內基針對熱忱的分析，一定會體悟到熱忱的強大能量，發現熱忱與一切創造、成就有關。

從他的分析中，也能了解熱忱不只是一味樂觀、打如意算盤或做白日夢而已，而是更深厚的力量。

你可以隨意選定一些人做研究，仔細觀察他們每天的生活經驗，就會從中發現，比起沒什麼鬥志、缺乏熱忱的人，用熱忱擁抱生活的人更容易招來好運，遇到機會和貴人。

是什麼造成這個奇妙的現象？為什麼只要有熱忱，就能引來成功契機、排除各種阻礙，還有助打造和諧的人際關係？讓我試著為大家解惑。

自古以來的每一位哲學家、思想家，都發現熱忱為言語更添色彩、豐富了行為的意義。有些人也注意到，除了言詞之外，熱忱也能讓心中的意念更具力量。

愛默生說：「我聽過一位經驗豐富的律師說過，如果對方律師打從心裡不認為自己的客戶能勝訴，他就一點也不擔心對方會左右陪審團的決定。對方律師一旦沒有信心，陪審團便能感受得出來，儘管他說得再頭頭是道，陪審團也不會採信。」

美國記者兼作家莉蓮・懷汀（Lillian Whiting）說過：「如果生活過得不充實，一個人算不上成功。充實的生活是充滿活力、熱忱與喜悅的生活，是每天帶著雀躍的心情起床，因為活著而充滿希望；是滿懷喜悅地迎接早晨，期待展開新的一天；是能真正心領神會，感受萬物一體、天人合一。」她的這番話掌握了熱忱的精神與涵義。

美國廢奴主義者兼社會改革家威廉・蓋里森（William Lloyd Garrison）正是

因為內心澎湃激昂，才會說道：「我知道許多人不滿我的言辭激烈（充滿熱忱），但我難道沒有理由這麼做嗎？我要如真理一般針見血、我要如正義一般毫不妥協。對於這個問題，我不願溫和地（缺乏熱忱）去思考、論述或寫作。不！這怎麼可以！一個人家裡失火，你們可以要他平心靜氣地報警（缺乏熱忱的警示），慢條斯理地將妻子從死神的手裡搶回來。要那個做母親的慢慢將陷入火海的嬰兒救出來——但是，面對當前的情勢，你們不要勸我採取溫文的態度。我是如此真誠懇切（充滿熱忱），我不會閃爍其辭、不會委婉客套，我要讓眾人聽到我的呼喊。社會上的冷漠，已經讓冰冷的雕像無法按捺，準備從底座上一躍而起，已經讓亡者忍無可忍，一心想加快復生的腳步。」

蓋里森的這段話雖然已是久遠的歷史，卻字字觸動人心。讓文字充滿力量的關鍵便是熱忱，就如卡內基所說，寫作當下的真實感受，也會反映在付梓的作品中，即使翻譯成其他語言、翻印過無數次，字裡行間仍會留露作家的真切情感。

英國詩人菲利普・貝利（Philip James Bailey）深知熱忱的力量，說道：

人生的意義不是活了多久，而是做了什麼；

不是還有幾口氣，而是擁有多少智慧；

不是倒數生命的盡頭，而是用心感受生活。

我們應該用一顆心扎實地跳了幾下，來計算時間。

真正活出生命的人，是最用心思考、認真感受、言行問心無愧的人。

事實的確如此，而且在熱忱的激勵下，一個人才能「認真感受、言行問心無愧」，也提醒我們要審視生活狀態，積極作為。

英國詩人雷・杭特（Leigh Hunt）了解熱忱的真諦，才會說出：「我們活在兩個世界裡：一個能用數字與規則丈量，一個能用心與想像力感受。」

德國哲學家約翰・費希特（Johann Gottlieb Fichte）用下面這段話，道出他對熱忱的深刻體悟：

生命是一套由感受與渴望構成的系統，在我的人生哲學中，生命是至高無上的，而知識只是個旁觀者。這套感受系統確切存在我們心中，是無庸置疑的事實、是我們憑直觀知識建構的事實。這種知識並非由理論推導而來，也並非來自我們能任意選擇接受或拒絕的理性。只有這樣面對面的知識才是真實。它來自生命，因此能為生命賦予生機。

古羅馬喜劇作家泰倫斯（Terence）領會了熱忱的力量，因此有感而發：「對於真心渴望的事物，抱持堅定信念非難事。」

前美國總統詹姆斯・加菲爾德（James A. Garfield）表達自己對熱忱的理解：「如果我們終將老去，請將歲月的皺紋刻在我的眉間，別刻在我的心上，只因靈魂永遠不該老去。」他深知一個人的心是熱忱之所在、情感之泉源。

古羅馬歷史學家塔西佗（Tacitus）曾說：「逆境無朋友。」實在是至理名言，不過也可以進一步說逆境會削弱友誼的力量，因為它通常會破壞感情、澆熄熱忱。

德國教育家福祿貝爾（Froebel）對熱忱的力量也有深刻見解：「人類揮灑汗水、辛勤工作只是為了養活自己，為了有食物吃、有房子住、有衣服穿，這種謬論實在有損人格，也不應該推廣。人類一切作為的真正目的，是為了不斷向外界展現內心的聖潔與合乎禮俗的自我。」

學過形上學的人都知道，物質環境並不重要，而且自然會因應一個人的內心狀態而改變，就像水受到地心引力牽引，自然會往低處流一樣。

形上學家知道摯友或親人過世的時候，無須感到哀傷，反倒應該化悲憤為力量，鼓勵自己進一步思考人生、追求更遠大的志向。

愛默生透過以下文字，抒發自己對形上學的認識與體悟：

發了高燒、生了重病、痛徹心扉、損失錢財或失去朋友，當下都看似是無可挽回的損失、永遠無法彌補的缺憾。然而，歲月必然會帶來療癒心靈的深層力量。摯友、妻子、手足、愛人的死，當下看似一種剝奪，之後卻能為人生提供指引、帶來啟發，因為這樣的事總能顛覆原有的生活步調，為年少輕狂、不懂事的日子畫下句點。這樣的事總會擾亂工作、家庭或生活的日常節奏，催生出新的生活、新的一切，幫助自己更為成熟。這樣的事讓我們擁抱或婉拒新朋友，接受新的影響，為將來的發展奠定基礎。原本只會在夏日的花園裡作一朵花的男男女女，根部沒有空間伸展、頭頂的艷陽太過灼熱，卻因為籬笆倒下、園丁疏於照顧，竟成了一片樹林，為家家戶戶的居民遮蔭、結出纍纍的果實。

如果希望讀完這一章之後有所成長，就必須了解正面與負面情緒密切相關，學會轉化負面情緒，便能帶來意想不到的契機。掌握了這一點，就會發現一個自認悲觀的人，也能改變心態，成為一個全然的樂觀者，能將過去表露悲觀的能力，轉化為展現熱忱的動力。

卡內基經常提到每個人都應該成為自我心智的主人。有些人的心智過於負面，試著去掌控這樣的心智並沒有幫助，最好的方法應該是將情緒由負轉正，再學習掌控心智。擁有負面心智的代價並不小，卡內基勸說眾人主導自我心智時，提到了正向心智的諸多效益，用意便是清楚說明這個道理。

美國宗教領袖兼作家瑪麗・艾迪（Mary Baker Eddy）在遣詞用字上稍有不同，但表達的概念完全一樣：

美善的言論必定屬實。如今各種思想百家爭鳴，互不相讓。一切都是物質，或者一切都是心智？兩派理論爭論不休，非得分出高下不可。南北戰爭英雄格蘭特將軍（General Grant）談到作戰策略時說道：「我認為應該在南北邊界上一決勝負，即使要戍守整個夏季我也奉陪。」科學界認為，萬物即是心智，以及心智的產物。一定要守住這條底線。物質對你並沒有幫助……和諧來自心智、由心智控制。上帝的主義（Divine Principle）便是人類生命的真理。因此，人的幸福並非由感官與物質主導。真理不會因錯誤而失去鋒芒。人與人之間和諧相處，就如音樂和聲一樣美妙動人，與人相處時針鋒相對，也如不協和音一般造作刺耳。

如果我的理解沒錯，艾迪女士想表達的是，意念的能量是好是壞、或正或負，完全取決於一個人秉持何種心態，又有何目的。

意念其實只有一種，能夠以正面或負面等多種方式表達。從這個假設進一步推敲，便不難理解任何負面情緒，都能被轉化為有益的正面心態。一個人也能從中找到善用熱忱的最佳方式。

引起悲傷苦痛的負面能量，也能加以轉化，帶來創新發想與喜悅，幫助個人實現明確主要目標，或是短期目標。在這個過程中，自律便能派上用場。只有自律的心智能將悲傷昇華為喜悅。

透過養成好習慣，達成身與心的調和，便能掌握轉化負面情緒的精髓。大學體育校隊在這一方面尤其有優勢，因為一位充滿鬥志的體育好手，能輕鬆將對體育的熱忱，轉化為實質的努力，幫助自己突破極限。

網球是非常好的運動，有助鍛鍊身心協調、建立良好習慣，光是這一個優點，網球就應該成為老少咸宜的國民運動。一個人如果老是愁容滿面、無故消耗心靈能量，不妨藉著打網球改掉這個壞習慣。在球場上揮汗打球一小時，便能掃去心中萬千愁緒。將心中的煩憂轉化為熱忱與動力。

心智思考的速度之快，勝過閃電、電波或無線電波。

光速每秒大約三十萬公里，

而心智要抵達宇宙間最遙遠的那顆恆星，

只需要那麼一瞬，時間短得無法衡量。

The mind travels faster than lightning, electricity, or radio. Light travels 186,000 miles a second. The mind can travel to the most distant star in no time that can be measured.

體能訓練還有另一個好處：培養正派的運動家精神，以及激發熱忱。如果想要有一番成就，這兩者都是不可或缺的要素。

任何能夠暫時讓心靈得到平靜的事物，通常也有助培養熱忱。音樂家只要空出一點時間彈奏樂器，就能在享受音樂的當下，將煩惱轉化為熱忱與勇氣。

一位知名作家在工作之間的一小時空檔，會透過彈鋼琴讓自己放鬆。他通常不彈曲子、只彈音階，彈奏時雙手與心智的協調，讓他獲得充分休息，得到滿滿能量。

卡內基先前說過，透過身體活動達到心智與身體之間的調和，是讓內心充滿熱忱的不二法門，也是最速效的方法。

跳舞也是很棒的運動，舉手投足之間的身心協調，有助激發心中的熱忱。

我聽過一位資深的舞蹈老師說，目前已經有醫生運用舞蹈為媒介來進行心理治療，而且成效良好，其中原因並不難想見。跳舞時，身體的律動有助暫時忘卻心中的創傷與恐懼，因此能自在展現熱忱，這個道理與卡內基的觀點互相呼應。

多年以來，我也訓練自己在打字機前構思，我碰到鍵盤的當下，心智便帶著熱忱開始運轉、想像力變得更豐沛、巧思也開始從四面八方湧入。我曾試著構思完整的內容，再將想法付諸文字，但多次嘗試下來，卻發現自己的思考缺乏連貫性。有時候，我發現必須直接動筆寫字，也許是寫一些毫不相干的主題，直到心智「暖機」完畢，熱忱才會開始湧現。有時候，我發現不得不撕毀先前寫的八頁、十頁手稿，重頭開始構想，因為一開始我並沒有投入熱忱。

這種經驗和發表公開演說完全一樣。有些講者會利用演講的前五到十分鐘，為心智「暖機」，否則無法展現流利的口才。

運動員的經驗也十分類似，所以才會在比賽開始前，進行類似的「暖身」活動。他們必須讓心智與身體充分協調，激發出熱忱，才能拿出最好的表現。這個前提純粹與心理層面相關，而非生理。因此別忘了，如果要將負面情緒轉化為正向行動，第一步是配合內心的意念，投入一些身體活動。

擁有熱忱的意義與好處

接下來，請容我簡短說明熱忱對一個人的主要影響。熱忱是極為重要的心理特質，卡內基先前已經大略說明了常見的「熱忱剋星」，不過話說回來，熱忱到底能做什麼？

一、熱忱能強化意念的振動幅度，讓想像力更加敏銳。
二、熱忱能清除心中的負面情緒，有助培養信念。
三、熱忱能讓一個人散發自信、展現真誠。
四、熱忱能讓說話語調更悅耳動聽。
五、熱忱能讓工作不枯燥無聊。

六、熱忱能讓個性更討人喜愛。
七、熱忱能激發自信心。
八、熱忱有助於維持身心健康。
九、如果搭配適當的身體活動，熱忱能扮演重要推手，轉化負面情緒。
十、熱忱能為渴望注入關鍵力量，讓潛意識心智接收、加以實現。有些心理學家認為潛意識只會回應帶有情緒的意念（情緒可能是正面或負面）。

熱忱的其他特徵

熱忱能讓原本只被動接訂單的人，成為主動積極的王牌業務員。

熱忱是講者與觀眾之間的潤滑劑，能營造和諧氛圍，讓演講不再枯燥。如果一個人是「靠嘴巴吃飯」，工作成敗取決於說話的技巧，那麼熱忱是不可或缺的特質。

熱忱能讓言詞更鏗鏘有力。有許多證據指出，熱忱能讓講者直接透過潛意識，取用無窮智慧的力量。熱忱能讓思考更敏銳，這一點更是無庸置疑。

不過，真要比的話，熱忱最重要的兩個功能，在於將負面情緒轉化為正向心態，以及為心智做好培養信念的準備。與這兩者相比，其他作用都顯得微不足道。

卡內基曾說，熱忱是動機的產物！心裡沒有目標的話，無法激發熱忱。因此，熱忱是一個人實現明確主要目標的關鍵，當然也是達成短期目標的得力助手。

熱忱是化為行動的意念！只要熱忱夠強烈，就能促使一個人根據背後動機，採取實際行動。由於這個道理如此重要，卡內基才會在先前的討論中，一再強調熱忱與行動的關聯。

培養熱忱的過程中，如果沒有搭配實際行動，就好比在空中引爆一顆炸彈，除了一聲轟隆巨響，什麼事都不會發生。感受到熱忱時，若能立刻積極作為、採取相應行動，便能養成發揮熱忱的習慣。

如果想建立這個好習慣，不妨先練習說話時語帶熱忱。這是人人都能輕鬆做到的第一步，也不用任何事前準備。從現在開始，練習在說話時展現熱忱，無論說話對象是誰、目的是什麼，都照做不誤。這麼做能幫助你戰勝膽怯、強化自信心，也有助培養積極的態度。除了練習在說話時展現熱忱，也要注意讓語調親切動聽。大聲說話，又沒有控制好語氣，只會讓人覺得反感不舒服。學會在說話時加入抑揚頓挫，適時調整語氣，才能有效傳達訊息。

說話引人入勝是成功的墊腳石，而講話要打動人心，絕對少不了精彩的內容與滿腔熱忱。如果願意勤加練習，為說出口的每一句話注入情感，只要短短一週，你就會發現自己進步神速，說話更為動聽。

此外，說話時務必發音正確、咬字清晰，不疾不徐地將每個字說清楚；音量也不宜過小，才不會聽起來含糊不清。記得字正腔圓、言之有物，讓每個字都充滿力量！許多人常犯的錯是說話不經大腦——別忘了，你說話的方式也反映了你的思考模式與個人特質。

這個方法能幫助你養成「知行合一」的習慣，讓心中所想與口中所說同調，透過這個方法，你能在一個月內改善自己的說話技巧，讓身旁的人對你刮目相看。這個習慣對於培養自律也有很大的幫助，因為能管住自己的嘴巴，是最有助個人成功的一種自律。很多人說得太多，又口無遮攔，無益於己，倘若養成說話前三思的習慣，便能改掉這項缺點。因此，練習好好說話不只能改掉壞習慣，還能培養美德，一石二鳥。

要求自己謹言慎行，不妨從與家人說話開始練習，接著將範圍擴大到熟人與朋友。每天提醒自己話說出口之前，務必深思熟慮、措詞得體。說話時要惜字如金——彷彿多說一個字就要多付五塊錢美金般來提醒自己，千萬不要為了出風頭，或是賣弄自己的學識而說話，只有在明確表達自己的想法時才開口，並記得在字句中注入情感，讓聽者掌握你想傳達的訊息。

對許多人來說，能否掌握這些溝通訣竅，就決定了人生的成敗。當今社會，太多人都需要重新學習如何說話。

如果一個人總是隨口說說、「光出一張嘴」，可能是因為他的格局不夠大。仔細觀察成功的人說話，你會發現他們很少閒聊，也不會談論他人是非；他們不會使用粗俗不雅的字眼，更不會惡意中傷他人。他們開口時，總是言之有物。

說話總是不經思考的人，通常沒什麼內涵，也很難躋身成功人士之列。對他們來說，時間只是用來「浪費」的，沒有其他用處。這種人經常無故打斷他人談話，老是搶走話題主導權。即使他心中有熱忱，也會因為言論空泛、對他人沒有實質效益，白白浪費了熱忱的力量。

我之所以特別強調說話技巧的重要，是因為言語是展現熱忱的主要工具。既然老天給了我們一張嘴來展現熱忱，當然要珍惜善用，而不是空話連篇、無的放矢。「明確目標法則」用在說話上最適合不過，如果要說的話沒有實質內容，不如不說。

好好生活、克服困難、實現自己的理想，都不是容易的事，需要投入全部的時間和心力。也因為如此，生命中的分分秒秒都極其珍貴，不該浪費在閒聊八卦，或沒有意義的談話上。世上只有極少數的人能開創成功富足的人生，多數人則渾渾噩噩過一生，一事無成。這並不是巧合，只要觀察一般人如何運用時間，就會發現成功與失敗的背後原因。成功的人做事有明確目標、充滿熱忱，也會把握時間努力追求目標；失敗的人把時間花在吃飯、睡覺、無意義的閒聊上，生活只求得過且過。能力並不是決定成敗的關鍵，有沒有善用能力才是重點。

弔詭的是，許多失敗的人當初若不放棄，咬牙再加把勁，也許就能成功。

我訪談過的所有成功人士都坦言，如果當初被挫折擊倒、沒有再接再厲，一定無法有今日的成就。內心有強烈鬥志的人，不會因為暫時的挫敗而一蹶不振，他追求成功的意志，遠比認輸的念頭強烈。

假如熱忱只能在遭遇挫折時讓自己堅持下去，光是這一點，花再多時間培養熱忱都值得。

如果下定決心實現遠大抱負，熱忱就是必備的重要特質。有了熱忱，才能激勵自己從失敗中站起，繼續勇往直前。

在一次與愛迪生的訪談中，我體會到這位發明天才的滿腔熱忱。他也在那次訪談中，揭示了智囊團原則對於培養信念的重要與價值。

我首先問：「愛迪生先生，您發明了留聲機、攝影機、白熾燈泡，以及多種實用便利的裝置，對社會貢獻良多。能不能請您分享一下，在投入發明、進行研究的過程中，讓您從暫時的挫敗中站起、重拾熱忱的祕訣是什麼？」

愛迪生沒有回答。場面瞬間變得尷尬，我漲紅了臉，急忙環顧四周，希望有人能解釋這一片靜默。這時，愛迪生的祕書，梅多克羅夫特先生（Mr. Meadowcroft）說話了：「很抱歉我忘了告訴您，愛迪生先生聽不見，你得把問題寫在紙上給他看。」

從那之後，訪談順利進行。我把問題寫在紙上，愛迪生開口：「我從哪裡開始說起比較好？」

我回答：「如果可以的話，不妨從您的兒童時期講起，也分享一下您的求學經驗。」

愛迪生說：「求學經驗啊？你應該有聽說過，我才入學不到三個月，老師就要我別來上課，還寫信跟我的父母說：愛迪生的智能不足，聽不懂上課內容。我上學念書的日子也就此結束。不過現在看來，我很慶幸事情是這樣發展，因為我不用浪費時間讀一堆抽象又沒有用的理論，也自此轉學到世界上最好的學校——社會大學，從現實生活的磨練與逆境中學習。」

他繼續說道：「真正的學習來自實際解決問題，而不是從書本上學到會有哪些問題。」

我請愛迪生聊聊艾德溫・巴恩斯（Edwin C. Barnes）的故事，分享他是如何從一名小職員，逐漸往上晉升，最後成為愛迪生的合夥人。愛迪生的嘴角漾開一抹笑容，娓娓道來。

「也許這個故事應該由巴恩斯自己來告訴你，不過我可以稍微講一下。有一天，我在辦公室處理事情，不經意地抬起頭，看到一個年輕人站在外面，手裡提著一個公事包。梅多克羅夫特說他是搭專載貨物的火車來的，他看起來也彷彿經過一番舟車勞頓。後來，艾德溫表示自己千里迢迢趕來，希望能為我工作，還說做什麼都可以。我給了他一份工作，不過他同時也告訴我，有朝一日他會成為我的合夥人。

「我從頭到腳仔細打量他一番，他當時一定覺得很難為情，因為他馬上開口說道：『愛迪生先生，我其實不一定要工作，我也可以選擇把自己活活餓死。』他的一雙眼睛炯炯有神、閃著熱情的光芒，我能看出他是那種除非達到目標，否則不會輕言放棄的人，當下立刻對他印象很好。我確實給了他一份工作——掃地——這也是我唯一給過他的機會，因為之後他就不斷付出、給予，直到最後，他成功給了自己和我一起合作的機會：推銷愛迪生錄音機（Ediphone）。對了，如果你去採訪巴恩斯，記得問他西裝的事情。他有三十一套西裝，一天穿一套，一個月都不會重複，他說西裝能給他滿滿的熱忱。」

有些人認為工作難找，成天抱怨自己沒有人脈，得不到更好的工作機會。如果他們讀過巴恩斯的故事，了解他如何為自己創造機會、成為愛迪生唯一的合夥人，一定能獲益良多。他絕對不是只有想著克服眼前困境而已，也不是保持得過且過的心態，只求達到最低標準就好。

愛迪生說：「我確實給了他一份工作——掃地——這也是我唯一給過他的機

會。」對於有一技之長在身的人，這一句話蘊含寶貴道理，值得深入思考。

聽完巴恩斯的故事之後，我接著問愛迪生，聽不見聲音是否造成極大不便？愛迪生以迅雷不及掩耳的速度答道：「不！這不是一個障礙，而是一個福氣，一個天大的福氣。一堆人胸無點墨，卻管不住嘴巴，老是浪費時間瞎扯淡。失去聽力正好讓我耳根清靜，不用忍受這些無意義的閒聊。因為失聰，我養成了傾聽內在的習慣，因而能汲取智慧的泉源，幫助自己開創許多發明。」

我問他：「聽說您是因為在火車上做實驗，不小心讓列車著火，車長一氣之下打了您一耳光，導致您喪失聽力，這是真的嗎？」

「是的，」愛迪生回答：「這就是事情的經過。多年之後，我再次碰到那位列車長，還跟他說了一聲謝謝。」

訪談主題接著轉移到留聲機這項發明上，我問道：「愛迪生先生，有人說您

我們必須學習去愛自身以外的事物，

去愛那更宏偉、更強大的存在。

We must learn to love something outside ourselves,

something greater and stronger.

——查爾斯·瓦格納（Charles Wagner）

其實花了好幾年改良第一部留聲機，可不可以請您證實這件事？」

「不是這樣的。」愛迪生說：「我當時嘗試讓塗有蠟的圓筒旋轉，錄下『瑪莉有隻小綿羊』這句話，第一次嘗試就成功了。」

「是什麼讓您想出留聲機這個發明？」

「我心裡有個聲音（靈感），像是一種直覺，一直告訴我繼續嘗試，就能找到自己想要的東西。雖然聽起來很神奇，但我回到一開始尋找的地方，確實在附近發現了我想要的答案。之後，我便用相同的陽春裝置開始做實驗。自從我們用留聲機第一次成功記錄、播放聲音，多年以來，這部機器就像業界的標準，市面上所有留聲機都是仿照它背後的原理製作。」

我問他：「如果我的理解沒錯，您是說除了人類透過經驗獲得的知識，還有書本上記載的知識，世界上還有其他取得知識的來源？」

發明大王回答：「如果那個知識泉源不存在，世界上就不會有第一部留聲機了。別忘了，那是『第一部』留聲機，在這之前並沒有任何先例，也沒有任何前人留下的的文獻能參考。記錄與播放聲音振動的箇中原理，確實是從一個多數人未知的知識來源，釋放到我的心中。」

我接著問：「您認為這個神祕的知識來源是什麼？任何人只要想要，都能使用嗎？」

愛迪生說道：「我自己有一套理論，不過我已經驗證過許多次，所以也許已經不再只是理論，只是我不知道自己有沒有辦法說服你。我認為所有知識都以能量的形式存在，也是宇宙能量『乙太』的一部分。要接觸這個更高層級的知識來源只有一個方法：運用意志力與信念，持續集中注意力，將自己的意念投射到宇宙間，直到這些意念的振動頻率與這個更高層級的來源連結，便能汲取宇宙間的一切知識。」

「你一定聽過發明家艾默．蓋茲（Elmer Gates）博士，」愛迪生接著說：「他發現自己能坐在一間暗房裡，針對一個未完成的發明，全神貫注地想著目前已知的資訊，直到他讓未知的資訊以靈感的形式浮現腦中。他不一定每次都能成功，但是幾乎屢試不爽，他只要坐等靈感乍現，就能為知名企業貢獻妙計，順便賺錢謀生。他光是坐著思考，等待未知的答案浮現，就延續了其他發明家未完成的失敗作，成功提出一百多項發明。」

對當時年輕的我來說，愛迪生說的話抽象深奧，但是後來與蓋茲博士的訪談，證實了愛迪生所言不假。愛迪生表示他在研究白熾燈泡時，想到能結合兩個廣為學界所知的科學原理，以全新的方式搭配，最後成功找到問題的解答。他說自己當時為了找到解決方法，已經努力工作了一天，就在他不小心睡著幾分鐘後，靈感突然以「直覺」的形式顯現。

如愛迪生所說，他並沒有想出新的學說，而是靈機一動，將既有的科學原理，以創新的方式結合。這個靈感來自宇宙間潛藏的知識來源。根據愛迪生的說法，當他爬梳歷史文獻、分析自己的實驗結果，卻仍找不到解答時，他總會潛心思考，向這個更高層級的知識來源尋求協助。這讓人不禁好奇，愛迪生所發現的知識泉源，會不會就是能幫助人類文明更進一步的終極智慧？除此之外，他所謂「潛藏的知識源頭」，是否能為教育界帶來一大福音，幫助他們引導社會大眾更巧妙地運用心智？

別忘了，我的訪談對象是家喻戶曉的發明天才，不是什麼無名小卒，搬了一個木箱當講台，站上去就開始大談如何幫助他人、貢獻社會云云。

愛迪生對數學、化學、物理學並沒有基礎概念，我更是好奇他如何成為一位頂尖科學家。我問愛迪生：「您沒有受過基礎教育，卻有今天這番成就，究竟是怎麼做到的？」

他的回答實在發人深省。雙眼炯炯發亮的愛迪生答道：「我能雇用專業的人啊，他們受過許多基礎科學訓練。但是老實說，我很少需要他們的協助。我能完成多數發明，都是靠常理推斷，加上毅力，再加上明確知道自己想達成的目標。很多人其實不知道自己想要什麼，所以受再多教育也沒有幫助。讓我成功發明留聲機的關鍵，在於我確切知道自己想做出什麼。我在巧手打造出留聲機之前，就已經在腦中看到機器的樣子了。更重要的是，我下定決心要做出能錄下『瑪莉有隻小綿羊』這句話的機器，即使要投入下半輩子也在所不惜。我一直相信自己能成功，從來沒有一絲懷疑，而有了明確的目標，就能催生出明確的計畫，與持續努力的決心。不管做任何事，這兩個都是成功的關鍵。」

對於愛迪生、福特、巴勒斯與泛世通之間的關係，社會上眾說紛紜，我請愛迪生分享是什麼原因讓他們四人成為多年至交。

我問道：「讓您和福特、巴勒斯、泛世通湊在一起的原因是什麼，純粹是友情嗎？」

他回答：「不只是單純的友情，還有比友情更深刻的東西。我們發現互相交流能激發思考，對彼此都很有幫助。巴勒斯想像力豐富，說話富含哲思，我們都從他身上得到很棒的靈感。」

愛迪生繼續說道：「兩個人或更多人在和諧的氛圍下集思廣益的時候，每個人都覺得心靈受到啟發，思考提升到與平時完全不同的層次。『圓桌會議』背後的概念就是如此。大家都知道，一群人聚在一起，同心協力、認真討論某件事情的時候，總能激盪出自己先前沒想到的好點子、新計畫和新觀點。」

愛迪生描述的正是「智囊團原則」，在眾人腦力激盪之下，一個人能借助他人擁有的學識，不需要透過實際經驗累積知識。愛迪生表示自己在投入發明時經常使用這項法則，也指出雖然自己沒有受過基礎教育，但能透過智囊團補足知識缺口。對卡內基來說，智囊團原則是讓他成為大富豪的主要推手，重要性遠勝過其他成功法則，蓋茲博士也認同智囊團原則幫助自己完成上百種發明。

愛迪生特別強調，智囊團成員必須有完美的合作默契，彼此協調，才能發揮最大效益，這一點非常重要。聽了愛迪生對智囊團原則的精闢見解，我決定深入研究這項法則，持續探索箇中奧妙，最後發現各行各業的成功人士，其實都在有意或無意之間，應用了智囊團原則。

自從我第一次訪問愛迪生以來，世界局勢已有諸多變動，經濟大蕭條對許多人的生活與經濟狀況造成衝擊，影響遍及全球。然而，這十七項成功法則依然適用，在今時今日，成功屬於願意學習這些法則，並加以實踐的人。

大蕭條造成上百萬人失業[5]。很多人自從大蕭條以來，便四處尋找工作，卻不斷碰壁。在這種時候，如果能想起偉大的發明家愛迪生失敗了一萬次，才成功

5 編按：此指一九三〇年代的經濟大蕭條（Great Depression）。

發明白熾燈泡，或許便能得到繼續往前的力量。

巴恩斯一心想成為愛迪生的合夥人，不惜搭著載運貨物的火車，風塵僕僕來到紐澤西州的奧蘭治（Orange），而且願意從清潔工做起。對於在大蕭條期間失業的人，學習他的精神絕對有好處。知道自己想追求什麼，也願意貫徹始終，不達目標絕不輕言放棄，這種態度在數十年前為巴恩斯創造成功的契機，今日也同樣能助有志者一臂之力。

愛迪生的故事蘊含寶貴的人生哲理，他向世人證明了成功屬於拒絕妥協、不願認輸的人。即使失敗了一萬次，愛迪生也沒有垂頭喪氣。一般人在幾次失敗後就舉白旗投降，更不用說要經歷一萬次失敗，這也是為什麼世界上只有一個愛迪生，「凡夫俗子」卻有無數人。

愛迪生的點子經常失敗，一般人也會遭遇這種狀況。然而，當一個方法行不通，他馬上換另一個，秉持決心與熱忱不斷嘗試，但是他從未改變自己的目標。

試過九千九百九十九種方法，全數失敗之後，他並沒有雙手一攤，說：「好吧，沒有必要再試了。我換個目標，改發明會削馬鈴薯的機器好了。」他沒有放棄，繼續再試第一萬種方法。結果皇天不負苦心人，他成功了！愛迪生秉持恆心，堅信在宇宙的某個角落，也許能找到世界上所有問題的解答，內心強烈又明確的意念因此被投射到了宇宙之中，最後找到了相對應的答案。這其中的玄妙機制無人能解，就連偉大的愛迪生也說不出個所以然。

愛迪生認為每個人都應該好好把握人生、充實人生，也要主導人生。他的故事證明了，除非心裡已經放棄認輸，否則沒有什麼能將自己擊倒。從合夥人巴恩斯身上，我們看到，就連一個沒沒無聞、窮到搭不起客運火車的小夥子，都有能力自己作主，不需要勉強自己工作。他也證明了就算接受一份基層的工作，也不代表永遠無法翻身，還是能力爭上游。巴恩斯立志成為愛迪生的合夥人，並以此作為他的人生主要目標，最後也成功實現抱負，闖出自己的一片天。他能擁有令人稱羨的人生，不是因為運氣、機會或偶然的機緣，巴恩斯是用自己的心智描繪出人生願景，並運用心智的力量實現理想。

不是每個人都能加入世界著名偉人的團隊，但是每個人都應該立下遠大、明確的志向，接著懷抱熱忱、全心全意地追求目標，直到克服一切阻礙，直到所有困難都化作成功的墊腳石，幫助自己登上目標的高峰。

愛迪生雖然已經不在人世，但是讓他脫穎而出，成為世界上偉大發明家的成功法則，至今依然適用，不會因時代改變而有所不同。在這些法則裡，最重要的便是：有熱忱支持的明確目標，並且全力以赴追求目標，直到目標轉化為現實生活中的有形之物。

各種成就都是從一時的起心動念開始的，源頭也都是一個單純的「意念」！愛迪生對實現意念的熱切渴望（熱忱），讓意念不再只是曇花一現的想法。他對發明非常投入——儘管一般人認為發明是最困難、又最難賺到錢的職業——不過，愛迪生還是靠發明累積了非常可觀的財富。因此證明了不管什麼行業，只要有明確目標、投入滿腔熱忱，就能創造成功的機會。

如何培養發揮熱忱的習慣

在這一章裡，「熱忱」是一種工具，能依照個人的需要，以最佳比例平衡內心的情緒與大腦的推理能力。

依序實踐以下步驟，便能培養發揮熱忱的習慣：

一、選定一個明確的人生目標。

二、對這個目標注入執念般強烈的渴望（熱忱動機）。

三、制定一個或一系列具體計畫，接著立刻付諸實踐，並時時提醒自己卡內基強調的重點：透過肢體活動，達到身體與心智的協調。

四、清楚寫下自己的目標和計畫，每天複誦多次，藉此將理想目標和計畫灌輸到潛意識裡。

五、發揮內心所有的熱忱，秉持恆心不斷努力。別忘了，一個計畫即使不夠好，只要持續執行，也好過事前規劃完善，做事卻虎頭蛇尾、敷衍了事。

六、遠離「愛潑冷水的人」和悲觀的人。這兩種人的影響非常可怕，務必多與樂觀的人往來。此外，除非對方完全支持你，否則不要向任何人提起自己的計畫。

七、如果你的明確主要目標需要「智囊團」，務必尋求適合的人協助。

八、遭遇挫折時，仔細檢視你的計畫，視需要修正，但是不要改變自己的目標。

九、每天花一點時間執行計畫，即使時間不多也沒關係。務必記得，你正在培養發揮熱忱的習慣，而建立一個習慣需要實際作為。

十、自我暗示對培養任何習慣都很有幫助，因此無論距離夢想還有多遠，一定要全心相信自己能實現明確主要目標。你的心態會決定潛意識要如何實現你的目標。時時保持樂觀，因為熱忱需要正向的心智才能發揮力量。熱忱排斥一切恐懼、羨慕、貪婪、嫉妒、仇恨、憎惡、心胸狹隘或推遲拖延。有了行動加持，熱忱便能大顯神手！

在這之後，你就必須自己努力了！

你自己得決定接下來的路怎麼走，沒有人能為你做主。我能告訴你如何發揮熱忱的力量，但是我沒辦法幫你做到；除了你和智囊團的成員之外，沒有人能幫助你。

卡內基曾說，熱忱具有感染力，但別忘了，悲觀也同樣能感染別人。務必結交樂觀開朗的朋友，智囊團裡也至少要有一位「啦啦隊」。

我們都活在兩個世界裡！一個是內心世界，容易受到外在環境與旁人的影響；另一個則是必須努力求生存的現實世界。在多數情況下，一個人在現實世界的際遇，取決於他與內心世界的關係。我們能掌控內心世界的樣貌，但是以現實世界而言，除了與個人心態相呼應的部分，現實世界並不在個人的控制範圍內。

在一個人的內心世界裡，熱忱是帶來正向轉變的強大力量。

熱忱給人追求目標的動力，為心智創造和諧氛圍，也有助掃除負能量。熱忱能激發想像力，鼓勵個人積極改變現實世界的環境，實現自己的理想！

沒有熱忱，或是缺乏明確的人生目標，就好比一輛火車沒有蒸汽引擎、少了引導行駛方向的軌道，或是不知道自己要開往哪裡。

熱忱是呼應心中渴望、激發行動的關鍵！當內心缺少熱忱時，做事拖拖拉拉的壞習慣便經常乘虛而入。

一百個人之中，有九十八個人都不知道自己想要什麼，如果你也是這種人，務必努力找到自己想追求的事物，選擇一個明確的目標。

沒有明確的人生目標，再多的熱忱都沒有用。如果你不知道自己想過什麼樣的人生，就只能讓那些有明確目標的人先選，命運再從剩下的東西裡決定你能得到什麼——沒有人想要揀剩的東西。

如果你知道自己想要什麼，現在就開始追求吧！用盡全力去追求，讓心中的渴望成為一股執念，帶領你前進，而不是你去命令它。

活在一個富饒的國家，機會、財富俯拾皆是，社會等著有一技之長的人大顯身手。如果你覺得現在的工作不適合自己，可以轉換跑道。許多成功案例一再證明，只要有心，沒有什麼做不到的事。

美國已經度過一波又一波的經濟不景氣，歷經一次又一次的戰爭，時代不斷變遷，成功者與失敗者也來來去去。儘管物換星移，這個國家仍是肥沃的「機會夢土」，因此，你的成功機會一定在某個地方。用心去尋找吧！好好把握、善用機會。不用理會那些悲觀、沒出息的人怎麼說，他們因為自己的失敗，成天抱怨國家，然而問題不在國家本身，而在少部分的人。

認真尋找機會的人通常能成功，不過他們並非坐等機會來敲門，他們對自己和未來充滿信心，也積極採取行動、力爭上游，因而能吸引到成功的機會。

有些人習慣道聽塗說，任由他人蠱惑心智、煽動情緒，最後失去成功的機會，只能說是咎由自取。多疑、善猜忌的人在世界上並沒有容身之處，只有相信「無窮智慧」、相信他人，也相信自己的人能受到青睞。

最好的機會，向來都保留給對未來充滿希望的人，自始自終都是如此。

在經濟大蕭條之初，以及二次大戰開打之後，美國社會上瀰漫著失敗喪志的氛圍，讓發揮熱忱變得難上加難。

無論在什麼時代，失敗主義的思想都極具殺傷力。然而，相較於承平時期，戰爭時期的失敗主義風氣尤其危險，因為在緊急時期，有專門帶風向的人會散播失敗主義的言論，為的就是要摧毀國人士氣。我們不用做任何事、說任何話，只要放任他們打擊對國家的信心、對個人的自信心，就等於助長了這些人的勢力。

經常發揮熱忱，有助培養堅定的信念。當有心人士持續在全國各地挑撥離間、埋下懷疑猜忌的種子，社會更需要培養熱忱，積極以熱忱抵抗。

別因為讀完這一章而停下腳步，反而要將這些道理融會貫通、身體力行，從自身做起，接著引導他人培養信念，來取代失敗主義的思想。正如卡內基所說，能夠教導別人，才算是真正學會。透過適當的身體活動，達到身心協調，更是練習發揮熱忱的有效方法。

現今讓世人想不透、苦惱焦慮的問題，大都能從成功學裡找到答案，畢竟早在成功學經過充分驗證，以現今的樣貌呈現給世人之前，就已經有許多人善用成功法則，造就不凡的人生。成功學能化解衝突、提供為人處世的解方。

歷史上每個偉大、光榮的時刻，

都標誌著熱忱的勝利。

Every great and commanding moment in the annals of the world is the triumph of enthusiasm.

而今，「成功學」的影響力迅速擴散，逐漸成為與人處事的「指南」，為不同種族、信仰，形形色色的人採用。在知名壽險公司的行銷部門，成功學被奉為圭臬；成功法則也全年無休運作，為銀行、零售商店、生產工廠裡的雇主與員工提供解方，眾人都在成功法則裡找到自己的立足點。相信成功法則不會偏袒任何人，每個人都能從中獲益。

儘管有一股組織龐大的勢力企圖分化群眾、控制民心，有心破壞勞資之間的和諧關係，然而成功學仍持續散播正向力量，化解想分裂社會的惡意攻勢。

在《白領歷險記》（暫譯，原文 *Adventures of a White- Collar Man*）一書中，通用汽車董事長艾弗雷德・史隆（Alfred P. Sloan）以生動精湛的文筆，分享了成功學如何幫助通用汽車成為業界龍頭。

他用自己的話說明了通用汽車的經營理念：

管理：智慧、經驗與想像力共同努力（智囊團原則）的成果。

事實：不斷追尋真理。（組織思考力）

開放的心胸：根據事實分析制定公司政策，不帶任何偏見。（思想自由、寬容）

勇氣：願意承擔風險，了解領導者須付出的代價。（有計畫的努力、實踐信念）

平等：尊重他人的權益。（黃金定律，即《聖經》馬太福音所云：「無論何事，你們願意人怎樣待你們，你們也要怎樣待人。」）

信心：有勇氣依照自己的價值觀行事。（實踐信念、自律）

忠誠：願意為了志業做出任何犧牲。（加倍努力法則，付出而不求回報）

進步：做事方法沒有最好，只有更好。（創意思維）

工作：激發以上所有要素的催化劑（驅動力），使其各自發揮作用，為共

同目標努力。（有計畫的努力）

括號中的字是我增加的註解，標示出史隆提到的要素中，與成功法則相呼應的部分。從他的敘述能看出，通用汽車的企業理念其實反映了「成功學」的許多法則。

史隆寫道：

我成為通用汽車公司的董事長時，便訂下這些基本原則，做為公司的經營方針。隨著時間過去，這些原則一直是我做事的依據。感到壓力大、焦慮懷疑時，這些準則總能為我指引方向。我相信任何人、任何組織，都能善用這些法則解決各種疑難雜症。

比爾・克努森（Bill Knudsen）和我在通用汽車大樓的全國記者俱樂部，這裡是紐約世界博覽會的會場。開幕慶祝活動才剛結束，有一千多位貴賓蒞臨，也參觀了我們的「未來世界」（Futurama）展館。我們參加了晚宴，活動中放了一部短片，展示美國工業近期的重要突破，諸如創新的製造方法、流程與產品等。每一家參展企業，以及全國各地的大小企業，都共同寫下了文明進步的新頁。這是非常了不起的成就，尤其國內經濟長期低迷，如此表現更讓人振奮。每個人都對於自己在展覽會上的所見所聞，感到又驚又喜。

我突然發覺，這次的世界博覽會為美國立下了新的里程碑。展覽會上陳列的都是美國製的產品，採用最尖端先進的技術，還有各式各樣的新奇裝置，都是為了打造更舒適的生活、提供更多元的休閒選擇，幫助人類探索更廣大的世界。

我向克努森說：「比爾，這些產品充分反映了美國的資本主義，展現企業持續投入研發的精神，目的就是生產更多、更好的產品與服務，提供消費者更高的附加價值。這些產品就是當今美國工業的縮影，整個工業體系持續將複雜高端的科技，轉化為實用產品，讓更多人享有便利生活。」

克努森說道：「如果要創造更多的就業機會，唯一的方法就是保持現有狀態、繼續努力，同時不斷精進。我們要品質更好的產品、更有效率的製程、更優渥的工資、更實惠的價格、更實用的工具、更公平的交易。」他接著補了一句：「每個人也要更努力才行。」

我告訴他：「你想想看，這還只是個開端而已，最讓人興奮的地方就在這裡。只要我們延續世代以來的精神，願意不斷努力、發揮創業家精神，美國的發展前景絕對超乎任何人的想像。」

舉例來說，「未來世界」呈現的是一九六〇年世界的樣貌，但是有誰真的知道一九六〇年的世界長什麼樣子？只要我們懷抱對未來的憧憬，相信帶動社會進步的基本價值，未來的世界絕對超乎你我的想像。

創新的都市建設、全新的生活型態、愜意的居家環境、舒適的生活品質；

新的高速公路、通訊方式，以及醫療、教育與文化等各領域的進步，人類的大腦根本不知道自己具有多大潛能。

成功學也是如此，除了擊潰腐蝕人心的失敗主義思想，潛在效益更超乎我們能想像。

奇異公司（又稱通用電氣）、通用汽車、福特汽車與美國鋼鐵公司等知名企業，每年耗費巨資請來頂尖工程師與科學家，在研發實驗室裡日以繼夜地努力，不斷開發更新、更好的技術。這些人做事的方式並非「亂槍打鳥」，希望能碰巧發現有利用價值的資訊，他們心裡已有明確目標，知道自己想找的確切線索。在這些實驗室裡，你能看到「成功學」最為人稱道的極致展現。

如果願意將這些成功法則落實在生活中，一定能得到源源不絕的機會。正如史隆所說：「只要我們延續世代以來的精神，願意不斷努力、發揮創業家精神，美國的發展前景絕對超乎任何人的想像。」

我們也能稍微修改一下句子，變成：「只要我們延續世代以來的精神，秉持前人開創事業時的熱忱與信念，發展前景絕對超乎任何人的想像。」

這種情操讓我想起卡內基的一句話，他在引導我統整成功法則時，曾說：「不必擔心在美國找不到機會，只要擔心自己沒有抱負、沒有熱忱、沒有創造力，無法抓住每一個成功的契機。」

「美國提供的機會太多了，我們今天談的都只是皮毛而已。未來無可限量！將來發展必定遠遠超過昔日成就。我們擁有的自然資源，比世界上其他國家都還多，我們的人均私有財富，高於其他國家的水平，我們也享有極好的生活水準，我們已經有了這麼多優勢，卻才剛開始發揮潛力、善用機會而已。如果我們能培養更多領導人才，激勵人民充分利用手邊的資源與機會，一定能在工業、科學、教育、文化等領域領先全球！」

凡人心能想像的事物，必能實現。

Whatever a man can imagine, he can do.

卡內基展望未來，說出這些話的當下，美國還沒有無線電，還沒有壯觀的公路網絡、偉大的汽車產業，或是聯邦準備銀行體系，貧窮家庭沒有冰箱可用、工資也遠低於今日水平。短短三十年間的大幅改變，顯然驗證了卡內基對美國未來的洞見，因此，我們應該放心期盼一個更美好的未來，相信後續三十年的發展，會讓過往三十年來的成就相形失色。

對於深諳成功法則、並能加以善用的人，未來的成就有賴他們努力實現。成功屬於具有遠見、抱負，且懂得運用成功法則的人，這是自古以來不變的道理。在美國這樣的自由國度裡，只要秉持熱忱與信念、積極進取，便能為自己爭取成功的機會。熱忱、明確的目標、自立、進取心、抱負，都是能擊退失敗主義的正向力量。

未來在具有熱忱的人手中，因此有遠見的領導者，例如艾弗雷德・史隆、亨利・福特、奇異公司董事長歐文・楊（Owen D. Young）、壽險業的大亨們、飛機製造商如艾迪・瑞肯貝克（Eddie Rickenbacker）等，對失敗主義完全不屑一顧，反而繼續擴張事業版圖，展現自己對國家未來的信心。

正因如此，在美國頂尖製造業公司的實驗室裡，研發人員不分晝夜地工作，努力開發新科技、新方法，希望幫助大眾創造理想的未來。

傑出科學家看見的美國未來又是什麼樣子？奇異實驗室的研究主任威廉・柯立芝（William D. Coolidge）曾就此表達看法：

之前有一位報社記者告訴我，如果有人能想出方法，提升報紙印刷的速度，這個人一定能成為百萬富翁。我可以告訴你怎麼做：將光束透過照相底片打在底板上，就能快速蝕刻文字。但是我不知道要用哪一種光束，或是哪一種方式。

如果有人能發明一種印刷彩色相片的方法，而且兼具簡單又便宜的優點，這個人也能成為百萬富翁。

科學家聽到「不可能」這三個字，就像一匹馬被馬刺扎了一下。過去幾年來，難倒我們的「不可能」是找到合成玻璃與金屬的方式，因為這兩種物質遇熱或遇冷的時候，會以不同的速度膨脹或收縮，造成兩者分離。不過，不久前，實驗室團隊裡的阿爾伯特・赫爾（Albert Hull）博士來到我的辦公室，手裡拿著一個大型玻璃管，與另一個金屬管緊緊嵌合。他研發了一種特殊玻璃，也找到一種收縮速率和玻璃完全一樣的合金。現在有了結合玻璃與金屬的方法，就能做出品質更好、更便宜的產品。

最近有一位顧客退回了一個電動馬達，他不滿地抱怨：「這裡頭的導線都是裸線。」我們費了好大一番功夫，才讓他相信所謂的「裸線」，其實包有一層安全絕緣材料。不過，他半信半疑的態度也算情有可原，畢竟過去三十年來，絕緣導線的材料幾乎沒有任何創新，還是依賴大量棉花、紙板，或是容易龜裂的絕緣漆或瓷漆。直到近期，我們才發現有一種煤與石灰製成的絕緣材料，能塗在導線上，幾乎與導線合為一體。塗上這種材料的導線，即使被輾壓或扭轉數千次，塗層依然完好無缺。這個神奇的絕緣塗料已經在業界蔚為風潮。

一九一六年，美國只有十九座工業研發實驗室，而今，在全國近兩千座實驗室裡，一群聰明絕頂的人才正在操作精密複雜的設備，努力開發國防科技，提升飛機增壓引擎的性能、研發威力強大的探照燈，只要光束一打，就能在二十公里以外的飛機上，將報紙的每一個字看得清清楚楚。其他計畫因為屬於機密，恕我無法分享……

也許有一天，市售罐裝食品的鐵罐裡頭會鍍銀，我認識的一位科學家已經做出這樣的東西。美國有豐富的銀礦資源，能取代用來鍍鐵罐的錫，以防日後錫礦供應短缺，衝擊國防工業的運轉。

現在業界缺乏專業的有機化學家與冶金學家，這兩個領域都有許多發展機會。化學家、機械工程師、電機工程師以及物理學家，也都有非常不錯的出路。世界上有一種物質叫做鈾二三五，又被稱為『神奇金屬』。一公斤鈾二三五能產生的能量，相當於燃燒數百萬公斤的煤，只要有人知道如何從自然界的鈾礦中，進行鈾的同位素分離，提煉出高純度的鈾，便能取用其中蘊藏的巨大能量。

新式的日光燈管需要更好的材料；電視需要更靈敏的映像管；航空產業需要更可靠的自動著陸系統；人類自古以來也一直希望能開發太陽能。我們已經能用日光產生蒸氣與微小電流，但也許有一天，我們能找到一種光敏性極高的新材料，催生出一系列創新的太陽能應用。

能夠舉的例子實在太多了，所有東西都能進一步改良、更臻完美。業界與研發領域都求才若渴，每一根試管裡、每一架顯微鏡背後，都藏有成功致富的機會。

柯立芝談的當然是實體世界的各種可能，這是他眼中所見的世界，一個渴求專業人才、遍地都是機會的世界。

不過，還有另一個領域與物質世界無關，提供的成功機會更多、更誘人。這個領域的機會在於探索心智、開發大腦、探究思維運作與意念的力量。這個世界自成一格，幾乎與科學界毫無往來。

也許有一個人，又或者許多人，會在讀完這部成功學後，開始研究心智的運作！也許這個研究領域未來會發現一些好方法，幫助世人放下心中莫名的恐懼、去除對心智的自我設限。

潛意識是一個廣大未知的宇宙，充滿人類能汲取的力量，有待我們深入探究了解。如果潛意識的確是意識與無窮智慧之間的唯一連結，也許人類能找到某個方法，學會隨心所欲地使用潛意識的力量，掌握心智自此不再是少數研究心智學者的特權。也許科學家未來會在這個心智研究領域，找到駕馭思考力量的更好方法。

對於幫助心智接收直覺與靈感的「第六感」，我們也應該進行有系統的研究，深入探討其中奧祕。這是一個超乎人類想像的領域，也許透過第六感，個人心智就能取用從時間的起點以來，所有曾經存在宇宙間的知識與真理。這類研究應該首先探討激發潛意識的元素，因為「第六感」顯然與潛意識心智密切相關，也很可能是潛意識的一部分。

潛意識位在大腦的哪個區塊？如何自由激發潛意識？我們該做什麼準備，才能讓潛意識與「第六感」發揮作用？這些問題都有待研究解答。也許有朝一日，我們能找出答案，享受更富足的心靈與物質生活。

讓我著迷的並非教義、信條或宗教，而是更深層、珍貴的東西。也許人類在瘋狂追求物質財富的過程中，已經失去了這個東西。我希望未來的世界裡，眾人不會光說不練，能像手足一樣彼此友愛、關懷。在那個世界裡，貪婪與自私都是不被縱容的粗鄙行為。在那個世界裡，人類會和平共處，知道世上資源充足，沒有必要為了圖利自己而傷害別人。那個世界也許不是烏托邦，但是人人都能發自內心以禮相待，養成美善的習慣，實現大同世界的理想！

吃飯、睡覺、工作賺錢，都要花許多時間，

但是燃起希望、獲得啟發，得到生命的光，

只需要短短一瞬。

It takes a good deal of time to eat or to sleep,

or to earn a hundred dollars, and a very little time to

begin to action a hope and an insight

which becomes the light of our life.

CHAPTER 5

有計畫的努力

ORGANIZED INDIVIDUAL ENDEAVOR

這一章首先要探討成功領導者具備的一項重要特質，也是美國主義（Americanism）的核心價值，《美國憲法》甚至明文保障所有美國公民都有權發揮這項能力，其重要性不言而喻。這項特質便是每個人都能擁有主動積極進取的權利，與設定明確目標一樣，都是開創成功人生的關鍵。

任何立志做大事的人，都不會輕易放棄積極奮發的權利，因為少了進取心，做什麼事都不可能有一番成就。

美國在工商界、乃至各行各業，都為全世界樹立了優良典範，我們能自詡為全世界「最富有、最自由的國家」，這項特質功不可沒，貢獻甚至超過其他特質。

積極進取、力爭上游是每個人的權利，也是責任。這一章的主題是「有計畫的努力」，旨在探討如何善用進取心實現理想、成功致富。如果將自己的權利擱置在旁，當然無法享受其中好處，除非善用個人權利幫助自己制定明確計畫，接著付諸實踐，否則任何權利都無法發揮效益。

在這一章裡，安德魯・卡內基說明了如何激發進取心，並善用這項特質達成明確的目標。卡內基的這一堂「大師課」始於一九〇八年，地點就在他的個人書房：

希爾：卡內基先生，您說「有計畫的努力」是最重要的成功法則，能不能請您說明這項法則與個人成就的關係？

卡內基：沒問題，進取心好比蒸氣鍋爐裡的蒸氣，是一股強大的驅動力！進取心能推動一個人的計畫、目標和理想，也能克服人類最糟糕的缺點：做事拖泥帶水。

成功的人都是積極行動的人！如果沒有自動自發的態度，不可能有實際行動。行動可分為兩種，一種是出於必要、被迫採取的行動，另一種則是自主決定採取的行動。但只有後者，也就是在動機與渴望驅使下的積極作為，才有助養成領導風範。

希爾：我們身為美國公民而享有的各種權利中，您是否覺得發揮進取心是其中極為重要的一項？

卡內基：不只是極為重要，而是最重要的權利！這項權利因為太過重要，憲法還特別明文規定，確保所有美國人都能享有。每一家管理有方的企業，都會表揚積極進取的員工，也會給予適當獎勵，感謝他們對提升公司績效的貢獻，從這一點也能看出發揮進取心的重要性。

秉持進取心積極作為，初階員工也能成為一家企業的核心人物；做粗工的工人也能飛上枝頭，成為公司大老闆。

希爾：這麼說來，您認為積極進取、力爭上游，是個人成就的墊腳石。

卡內基：不積極努力，卻能有一番傑出成就這種事我從沒聽過。在美國的政府體系與工業制度下，每一個人能得到的報酬與獎勵，完全取決於自己願意主動做出多少貢獻。沒有人會被迫做出違反本意的事。在社會鼓勵人人勤奮打拚，憑一己之力打造理想人生之下，做事有規劃、全力以赴的人，自然能脫穎而出，勝過漫無目的、渾渾噩噩過一生的人。

希爾：成功的領導者一定具備某些出眾的特質，您能不能列出領導者必備的重要特質呢？

卡內基：傑出領導者擁有的特質大約有三十種。根據我過去與人互動的經驗，各行各業的成功領袖大都展現了一種或多種特質，有些人甚至具備所有的領袖特質：

一、心中有**明確的人生目標**，也有**明確的實現計畫**。

二、選定適合動機，能激勵自己努力不懈，持續朝人生目標前進。沒有**明確的動機**，便無法成就偉大。

三、籌組**智囊團**，得到實現追求成功需要的力量。一個人靠自身能力做不了多少事，頂多取得溫飽、維持生活而已。唯有一群人團結一致，朝著明確的共同目標努力，才能成就大事。

四、在追求主要目標的過程中，適度展現**自立自強**的精神。一個人主要還是得靠自己付出努力、自動自發，也要能自己作判斷，否則很難走得長遠。

五、充分**自律**，能主導自己的大腦與心智。沒有能力或不積極控制自己的人，絕對無法主導他人，這是千古不變的道理。自律太重要了，在這些領袖特質中應該排第一才對。

六、秉持必勝決心而生的**毅力**。許多人做事都虎頭蛇尾，只有三分鐘熱度，遇到一點挫折就放棄的人，做任何事都不可能有所成就。

七、豐富的**創造力**。能幹的領導者總是在尋找更新、更好的做事方法，也會持續發掘有助實現目標的新想法和新機會。墨守成規，一味沿循傳統、不願追求創新或進步的人，絕對無法成為傑出的領導者。

八、任何時候都能**果斷決策**。無法拿定主意、遲遲不願做決定的人，很難讓身旁的人願意仿效追隨。

九、**根據已知事實作判斷**，而非道聽塗說或盲目猜測。優秀的領導者沒有合理依據，絕不輕信任何事。他們會在下定論之前，仔細查證事實。

十、能自在展現熱忱，並運用**熱忱**激勵自己追求明確目標。熱忱具有傳染力，領導者的熱忱能影響追隨者與部屬，帶來正向轉變，相對死氣沉沉也會影響他人。而不受控制的熱忱，就跟缺乏熱忱一樣，對身心有害。

十一、在任何情況下都能**公正無私**、**維護正義**。私心偏袒的行為有損領袖風範。一般人受到公平對待時，通常也會以禮相待，位階比自己高的人公平對待自己時，更會有善意回應。

十二、對任何事保持**寬容**、**開放**的心胸。目光狹隘的人無法贏得旁人對自己的信心。少了追隨者的信心，便不可能成為偉大的領導者。

十三、**加倍努力的習慣**，願意以一顆正向、愉悅的心付出，不求回報，並且甘之如飴。領導者願意「多付出一點」的習慣，能夠激發追隨者或部屬的無私行為。在任何企業或產業，優秀的領導者總是不吝於多付出，比部屬、職員還要盡心盡力。

十四、在思考與處事上都**圓融**，懂得應對進退。在美國這樣自由、民主的國度，沒有人喜歡言行粗魯無禮的人。

十五、**少說話，多傾聽**。許多人說得太多，聽得太少；聰明的領導者知道聽取他人意見的好處。人有兩隻耳朵、一對眼睛，卻只有一個舌頭，也許就是要提醒我們花多少時間張嘴說話，就花兩倍的時間傾聽和觀察。

十六、敏銳的**觀察力**，也就是能注意到小細節的習慣。每一件事都包含許多細節，如果對於自己和部屬負責的工作一知半解，無法掌握所有細節，就不是一個成功的領導者。有時候，多知道一點細節，就能換得成功的機會。

十七、**決心**。能理解暫時的挫折不代表永遠失敗。人生不如意事，十之八九，成功的領導者能從失敗中學習，但是絕不會拿失敗做為放棄的藉口。能夠肩負重任是極大的個性優勢，也是各行各業渴望的人才特質，如果能主動扛起責任，未來更是無可限量。

十八、能夠平心靜氣**接受批評**，不惱羞成怒。一被批評就氣得跳腳的人，永遠不可能成為傑出的領導者。真正的領導者能夠、也願意虛心接受批評。自以為是的人則對批評嗤之以鼻，依然故我。

十九、適度飲食、飲酒，**生活節制有度**。無法管住自己的嘴巴、控制口腹之慾的人，也沒辦法管理其他人。

二十、對該忠誠的人**忠誠**。忠誠始於對自己忠實，接著對事業夥伴忠誠；不忠易生輕蔑之心。過河拆橋、忘恩負義的人不可能成功。

二一、對該誠實的人**誠實**。誤導他人的騙術並不可靠，能幹的領導者都不會採用。

二二、熟稔能激勵人心的九種基本**動機**，愛情、性慾、渴望財富、渴望自給自足、渴望身心自由、渴望表達自我、渴望永生不死、憤怒，以及恐懼。如果不了解能引發內心反應的基本動機，便無法成為優秀的領導者。

二三、具有能讓他人願意配合的**人格魅力**。穩健的領導風範，來自打動人心的說服力、同理心，以及討人喜歡的個性。

二四、一次只**專注**於一件事。俗話說「樣樣通、樣樣鬆」，全心投入做一件事的時候，能給人異於平常的力量。

二五、「**從錯誤中學習**」的習慣。從自己與他人犯的錯誤中學習。

二六、願意為部屬的過錯負責，**不會推卸責任**。遇到狀況時老是指責他人，是削弱個人領導風範的最快方法。

二七、**適時肯定他人**的功勞，尤其是當對方表現優異、超乎期待的時候。一般人會為了賺錢努力工作，更會為了受到肯定與讚賞加倍努力，成功的領導者懂得肯定部屬的功勞——對他人的鼓勵代表著給對方信心。

二八、與任何人相處，都能善用強調**推己及人**的「黃金定律」。耶穌的「登山寶訓」是傳誦千古的經典，不只揭示了待人接物的準則，更具有鼓勵眾人團結的深厚力量。

二九、時時保有**正向心態**。沒有人喜歡愛發牢騷、生性多疑，總是與全世界作對的人，這種人不可能成為出色的領導者。

三十、無論真正做事的人是誰，都要對自己承擔的工作**負全責**。如果要依照重要性，將這些成功領導者的特質一一排序，這項特質也許會排第一。

三一、**善於判斷**事情的重要性。能夠不受情緒影響，進行合理判斷與評估。能夠區分事情的輕重緩急。

任何資質一般的人，都能培養這些領袖特質，善用在日常生活中。

希爾：從您對領袖特質的分析中，我發現成為出色領導者的關鍵在於心境或是心態。您是這麼認為的嗎？

卡內基：不，正確的心態雖然很重要，卻不是成為領導者的唯一關鍵。成功的領導者必須清楚知道自己的人生目標，以及眼前的工作。如果一個領導者不知道自己在做什麼，並不會有人想服從。

希爾：如果要激勵一個人在職場上成為領導者，最好的方法是什麼？

卡內基：我們做的每件事背後都有動機。要激勵一個人成為領導者，最好的方法是在他的心中植入明確的動機，驅使他培養領導者特質。賺取財富是很常見的動機，一個人下定決心賺大錢或做大事之後，通常就會開始發揮進取心，在過程中培養出領導能力。

希爾：這麼說來，您認為應該鼓勵大家追求財富？

卡內基：這麼說好了，美國在各行各業培育出的領導人，比世界上其他國家都還多，而這些領導者能培養出領袖特質，正是出於對財富的渴望。因此，任何會澆熄這股渴望的事物，都會嚴重衝擊我們國家的發展基礎，其中很大一部分就是業界領袖的創造力。

希爾：對財富的渴望，是不是激勵許多美國人培養領袖特質的唯一動機？

卡內基：噢不！當然不是。在美國，許多傑出領導者的人生目標是構築更美好的世界、創造更進步的未來。對個人成就的自豪，是美國精神很重要的一部分。一個人達到生活無虞之後，人生的動力主要來自成就感。當一個人衣食無缺、有棲身之所，基本的生活需求都滿足了，就會開始思考如何闖出名堂，希望被認定為一個成功的人。也許有些人像守財奴一樣，只想緊緊抓著自己的財富不放，但是多數成功人士不會汲汲營營、只為了坐擁億萬財產，他們想的是如何善用財富。透過財富追求自我實現，這才是讓美國成為工業強國的原因。

希爾：這麼說來，擁有大量財富不一定是好事，端看個人如何運用。您的意思是不是這樣？

卡內基：正是如此。拿石油大王約翰・洛克斐勒為例，他雖然累積了億萬資產，但他的每一分錢都在為他做事，進行有意義的工業生產、事業經營或慈善工作，不斷地開發、創造、持續擴大規模。他的財富創造了上千個就業機會，讓許多人得到溫飽。不只如此，這筆財富還實現了更崇高的目標。在洛克斐勒基金會的運作下，他的財富投入各項公益事業，以無私奉獻的精神造福廣大人群。他的財富正在與疾病奮戰，協助對抗人類公敵；他的財富正在推動有實用價值的科學研究，可望嘉惠後代子孫。

希爾：洛克斐勒不只發揮進取心累積財富，還能善用財富，正是因為像他這樣的人，美國人才得以享有更好的生活，是這樣嗎？

卡內基：他的進取心與對財富的渴望，不只造福了美國人，也造福了全世界。這個國家需要更多像洛克斐勒這樣的人才。再以鐵路大亨詹姆斯・希爾當例子，他懷著遠大的抱負，打造了橫貫美國大陸的壯觀鐵路，開闢了沿線上百萬英畝的土地，也大幅縮短太平洋與大西洋之間的距離。我們很難估計光是他一個人發揮進取心，就為國家創造了多少財富，也許高達數十億美元。他靠鐵路事業累積的私人財富，與他的成就帶給美國的財富相比，根本是滄海一粟。

希爾：卡內基先生，您自己也是居功厥偉的業界領袖。您能不能也估算一下，自己的進取心為美國創造了多少財富？

卡內基：比起談論自己，我更喜歡分享他人比我厲害的成就。不過如果你堅持要我回答，那也不成問題。我的團隊發現了提高生產效率、降低成本的方法，成功改良了鋼鐵製程，自那時起，美國營建業就開始蒸蒸日上，摩天大樓如雨後春筍般冒出。如果沒有鋼筋骨架，根本蓋不出現代的摩天大樓。如果鋼鐵價格居高不下，和我剛踏入這一行的時候差不多，根本不會有人要花錢蓋摩天大樓。我們公司成立後，為美國生產出更優質的鋼材，也讓鋼鐵成本大幅下降，能用來取代木材或較不耐用的金屬。我當初進入鋼鐵產業時，一噸鋼鐵要價一百三十美元，我們成功讓價格降到一噸二十美元左右。除此之外，我們也大幅提高品質、改善產品缺點，進一步拓展鋼鐵的應用範圍。

希爾：您的主要動機是賺取財富嗎？

卡內基：不是，我的主要動機一直都是幫助他人成就自己、貢獻社會！你也許聽說過，我曾經幫助四十幾個人成為百萬富翁，他們多數人都是與我共事的基層員工。不過，這些人賺了多少錢並不是我的重點。在幫助他們累積財富的過程中，我也幫助他們為國家做出貢獻。在我的循循善誘下，他們力爭上游，投入有價值的生產，無形中打造出美國偉大的工業體系。你會發現，這些人不只擁有財富，也懂得善用財富，因此能創造無數個就業機會，造福社會大眾。

真正的富有不只是物質財富，也包含人生經驗。這之中更重要的是智慧、經驗、進取心，還有創造與貢獻的渴望。沒有這些特質，再多的錢都沒有用。體會了這個道理，你就更能了解美國富強的原因。我國之所以富有，是因為我們有許多有志之士，他們對事業成就的追求，驅使他們在各自的領域積極作為，促進工商繁榮。

他們也許覺得自己的所作所為，都是出於對財富的渴望，但是真正激勵他們的，其實是對個人成就的強烈渴望。不論真實動機為何，他們確實從一片蠻荒之地中，打造出全世界最富有、進步的國家。我認為，如果不是這些業界領袖懷抱遠大志向、積極作為，美國不可能有如此傲人的成就。

希爾：在美國工業發展的歷程中，政府制度扮演了什麼角色？

卡內基：政府制度自然是非常重要的角色。如果你讀過《獨立宣言》和《美國憲法》，就能了解當初愛國志士在起草這些文件時，一心想著要賦予人民各種權利與機會，幫助人民力爭上游、實現自己的理想。

希爾：這麼說來，您認為美國的政府制度不需要改變？

卡內基：除非我們找到更好的方式，能更有效地激勵大眾掌握個人心智，積極善用自身能力。我們的政府體制或許並不完美，但已經是世界上最好的制度，為了幫助眾人力爭上游，美國賦予大眾的自由和權利，已經遠超過多數人的需要。既然美國人還沒充分善用國家提供的機會，何必急著修改體制呢？原本好端端的東西，硬要去修改，只是畫蛇添足、自找麻煩而已。如果一個人身體健康，就應該正常生活，不要明明沒有生病，卻胡亂吃藥治療，干預大自然的運作。只可惜，有些人不懂這個道理，他們罹患了所謂的「慮病症」，經常以為自己罹患重病，因此受到極大的精神折磨。美國經濟目前非常穩健，還有許多未開發的天然資源。因此，我們該做的不是改革經濟制度，而是發揮現有制度的最大效益，才能善用國內的豐富資源，達到物盡其用。

經常大動作改換政治與經濟制度的國家，多數時候都身陷革命與反革命的水深火熱之中。美國的成功，絕大部分要歸功於各州之間和平友好的關係，能夠有這種和諧氛圍，正是因為我們的政府制度設計完善，提供了眾人和睦相處的誘因。團結就是力量，不管是企業、產業或各州之間都是如此。

希爾：您覺得阻礙美國社會進步的最大威脅是什麼？

卡內基：任何會破壞社會和諧的事物，都是威脅。人民團結一心，就是最珍貴的資產，這遠比所有天然資源重要。如果國家成了一盤散沙，任何意圖不軌的國家都能大舉入侵，輕易奪走我們的天然資源。

為了維持國家統一，美國投入了一場慘烈的戰爭。雖然戰爭的陰影會永遠留在某些人的心中，但至少我們了解到，各州之間的對立分化，代表國家開始分崩離析。對於一個產業或一家企業而言，最可怕的威脅莫過於眾人之間的和氣遭到破壞。一家公司要成功，必須靠全體成員同心協力。唯有眾人集結經驗與能力，秉持同理心與善意共同為了目標努力，個人的進取心才能發揮正向的力量。

希爾：所以，對於刻意挑起紛爭、引起仇恨與嫉妒，試圖打亂美國工業體系運作的人，您一點都不認同？

卡內基：沒錯。這種「積極」作為也許能讓少數人圖利，卻破壞了多數人的權利。在我所處的產業，我與自己的員工從來沒有任何嫌隙或誤會——除非是專業的「鬧事者」受雇於他人，在公司內部行挑撥離間之事——這是最糟糕的一種積極行為。為我做事的員工，從高層主管到基層工人都知道，如果渴望致富，也願意認真努力，則機會之門全年無休、隨時敞開。我怎麼可能與他們有誤會呢？我一有機會，就積極幫助收入微薄的工人翻轉人生，成為百萬富翁。在資本主義的制度下，如果不是有心人士從中作梗，像我這樣的人，是不可能與身旁的人發生任何不愉快。

希爾：不過，卡內基先生，不是有些雇主會對員工態度惡劣，讓勞資關係緊張嗎？不是有些雇主貪財成性，會以不合理的方式分配公司利益？

卡內基：當然有這樣的人，一直以來都有。世界上一定會有貪婪的人，但是他們的好日子並不會長久，很快就會被市場淘汰掉，這也是資本主義的優點。在美國，一個老闆不是成功致富，就是失敗下台，為了追求成功而虧待員工是行不通的，他的競爭對手不會讓他有這麼做的餘裕！

希爾：一個人應該在什麼時候、什麼情況下開始積極作為呢？

卡內基：找到自己的明確目標，下定決心達成之後，就能立刻積極行動，那是最好的時間點。當下身處的位置就是最好的起點，現在就是行動的最好時機。依照目標擬定計畫，準備付出相應的努力，接著立刻著手實踐計畫。如果執行計畫後發現效果不理想，可以修正或更換。任何計畫都比藉故拖延好，「做事拖延」是一種危害世人的壞習慣——很多人都有這個問題，只想等到「適合的時機」才肯行動，這種心態是多數人失敗的原因，比漏洞百出的計畫還要糟糕。

希爾：不過，開始執行重大計畫之前，不是應該先多方請教，聽聽別人的意見嗎？

卡內基：年輕人，你聽好了。「意見」就像沙漠中的沙子一樣，很容易隨風四處飄揚，一點都不可靠。每個人對任何事情幾乎都能說上幾句意見，但是多數意見都不值得採信。如果因為想得到他人意見而猶豫再三，遲遲不積極行動，結果通常是一事無成。不過，當然還是有例外的情況。有時候，他人的看法與建議是邁向成功的墊腳石，但是如果所謂的「意見」，只是旁觀者隨口說說的評論，實在不必費心聽取，而且還要像躲避瘟神一樣速速遠離，因為這種胡亂發表的意見確實就像瘟疫一樣可怕！人人都有一張嘴，而且一般人多半好管閒事，老愛免費幫別人出主意。

如果想要得到有用的意見，應該針對你想問的主題或領域，諮詢相關的權威或專家。諮詢完應該付給對方酬勞，而且要謝絕「免費的意見」，因為一個意見有多少價值，通常取決於自己為那個意見付出多少錢。

我清楚記得，有些朋友聽到我計畫調降鋼鐵的價格，大幅下修到一噸二十美元的時候，他們急得跳腳，說道：「他這麼做鐵定破產！」我根本來不及開口問，他們就自動幫我出了一堆主意。但是我沒有理會，照著自己的計畫行事，讓鋼鐵價格降到一噸二十美元。

福特宣布自己要為消費者打造優質好車，而且每台售價不到一千美元的時候，其他人馬上議論：「他這麼做鐵定會破產！」但是福特堅持自己的計畫，有朝一日，他會成為美國汽車工業的核心人物，鐵定不會破產！

哥倫布宣布自己要乘著小船，橫跨未知的海域，尋找前往印度大陸的新航線時，一群人嗤之以鼻：「他發瘋了！他不可能回得來的！」但是，哥倫布最後確實凱旋歸來。

哥白尼宣布自己發明了一種工具，能看到人類肉眼未曾見過的新世界時，旁觀者同樣丟出「免費的意見」，大喊：「他是異端分子！放火燒了他！」他們想對哥白尼處以火刑的真正原因，其實在於他勇於提出己見。

貝爾宣布他能讓遠在兩端的人能透過電線通話時，一群人心存懷疑，還譏笑他：「可憐的貝爾，做研究做到瘋了！」即使當時似乎不是「適合的時機」，貝爾依然堅持自己的理念，最後成功發明了電話。

你未來也會遇到這種不請自來、喜歡給意見的人，他們看不慣別人積極奮發，成天只會潑人冷水。你會聽到他們說：「他絕對做不到！之前都沒有人寫過，他怎麼可能為世人寫出一部成功學。」但是，如果你願意聽取我的忠告，就應該勇往直前，用你的進取心支持自己的決定。之後成功的時候，世界就會為你戴上榮耀的王冠，獻上滿山的寶藏。不過你必須先有放手一搏的決心，也要證明自己的理念禁得起考驗，不要因為他人的一句「時候未到」而退縮。只要心裡有清楚的目標，而且劍及履及、積極行動，則永遠都是最好的時候。

這個世界需要一部成功學，世人一直都需要這樣的精神指引。你應該放手去做，好好完成這項任務，不管要花多少時間，做出多少犧牲都在所不惜。盡心盡力完成這份工作，你便能親自體會到，老是唱衰嘲諷的人其實內心空虛，他們不懂得善用自己的進取心，因此飽受自卑感折磨。

希爾：您這番話實在令人動容，我想您主要應該是說給我聽的。

卡內基：是的沒錯，的確是希望你能聽進去。我希望在你的努力之下，即使我未來不在人世了，成功學依然能繼續造福後世子孫。這個世界需要有勇氣積極行動的人，這些人能為自己的努力定價，而這個世界也會心甘情願地付這筆酬勞，老天絕不會虧待積極進取的人。

進取心是很重要的美國精神，但是如果沒有實際作為，則一切都是空談。美國現在需要的是一個長期的推廣計畫，用來激起人們心中的渴望，願意善用身邊的機會追求富足人生。

希爾：所以，您認為美國還是有許多成功的機會，人人都有份？

卡內基：是的，我認為每個人都能找到讓自己一展抱負與長才的機會。不過機會不會主動來找人，自己要透過「有計畫的努力」發掘機會。做事越仔細規劃、用心投入的人，前途越是無可限量。

希爾：有些人可能不了解「有計畫的努力」的意思，您能不能分享這項成功法則的定義呢？

卡內基：「有計畫的努力」法則是一個非常明確的過程，能幫助一個人實現自我理想，或是得到夢寐以求的物質財富。實際操作的步驟如下：

一、設定明確的目標或目的。

二、依據目標制定行動計畫。

三、將計畫付諸實踐，並不斷努力。

四、找到願意共同實踐計畫的人，組成智囊團。

五、時時發揮進取心、積極行動。

簡單來說，「有計畫的努力」就是做事有計畫。按照具體的計畫行事，成功機會一定比較高，勝過沒有條理、臨時起意的行動，可惜多數人的行為都屬於後者。少了有計畫的努力，不太可能成為優秀的領導者。領導者與追隨者的差別，就在於領導者做事會細心規劃，而且積極自發，不須別人敦促。

仔細觀察身邊的人，如果你發現有個人決策果斷、做事有規劃，而且積極照計畫行動，他就是個有潛力的領導人才，你會在他身上看到許多領袖特質。這類人就是引領美國工業發展的先驅，美國今日能傲視全球，都是這些人的功勞。

希爾：這跟「天分」沒有關係嗎？？這些業界大亨、企業領袖，難道不是天生就有多數人缺乏的特質嗎？

卡內基：這其實是許多人都有的迷思，也是最常見的錯誤觀念，「天分」是一個被濫用過度的字眼。多數人不會花時間找出他人成功的原因，才會經常將成功歸因於天分。我其實不知道天才長什麼樣子，也沒遇過半個！不過，我倒是知道很多被稱為「天才」的成功人士。如果深入分析他們成功的原因，就會發現他們不過是一般人，只是發現了某些法則，之後運用這些法則實現理想，因此能有今日的成就。

每個人都有我們稱為「天分」的潛能，這個潛能所在的領域，依照個人的興趣、天生個性與抱負而有所不同。對我來說，最接近「天分」的特質，應該是想要做某件事，而且堅持做到最好的強烈渴望，再加上積極奮發的態度。有了這些特質，要成為天才，就看你有沒有持續實踐「有計畫的努力」法則。

依我來看，清楚知道自己想要什麼，也下定決心實現目標，是成為「天才」的最短捷徑。這種人的成功機率比一般人高，而且真正成功的時候，世人會看著站上人生巔峰的他，說他的成就與天分脫不了關係。

希爾：卡內基先生，難道教育程度不會影響個人成就嗎？比起沒受過教育的人，教育程度高的人應該更容易成功吧？

卡內基：這全要看你怎麼定義「教育」（education）。受過教育的人，當然比沒讀過書的人容易成功，但是我們得先定義「教育」這個概念。「教育」的意思是發展心智，去引導、推展與栽培。受教育與一般人所想的不同，不只是累積知識而已。許多人確實上過學、讀過書，但是真正受過教育、有教養的人並不多。一個有教養的人懂得有效運用心智力量，能在不侵犯他人權益的前提下，實現自己的任何理想。因此，教育其實來自生活經驗、來自運用心智，而不只是學習知識而已。知識如果沒有活用、沒有創造效益，則一點價值都沒有。

如果要具體回答你的問題，一個受過教育的人要比沒受過教育的人更容易成功，前提是要能學以致用，運用所學幫助自己實現明確目標。太多人仗著自己學識豐富，就不思進取。他們認為光是擁有知識，就值得一份優渥的薪水，沒有必要進一步發揮知識的價值，這種心態並不可取。我聽說有些知名企業家不太願意聘用大學剛畢業的新鮮人，因為多數畢業生在熟悉公司業務、正式上軌道之前，「要重新學習的東西太多了」。

但我其實不排斥雇用大學畢業生，不過我希望他們有開放的心胸、樂於學習新知。我喜歡有專業背景的人，而不是只知道皮毛的人；我喜歡知道理論與實務差在哪裡的人。跟沒有受過高等教育的人相比，大學畢業生有個很棒的優勢：大學教育讓他們學會統整知識。沒有經過歸納分類的知識，其實沒什麼價值。

希爾：您認為進取心是與生俱來的特質嗎？換言之，有沒有這項特質，全取決於個人的遺傳基因？

卡內基：根據我對人的觀察，有沒有進取心，端看個人的渴望與抱負。原本不思進取的人，一旦有了明確的目標或強烈渴望，就會突然醒悟，立刻開始積極行動。

希爾：所以說，渴望其實是一切個人成就的開端？

卡內基：正是如此！先有渴望，才會有明確的目標。當一個人內心的渴望越來越強烈，變成一種執念的時候，通常就會在明確的目標驅使下，努力實現心中的渴望。因此，渴望是一切成就的起點。就我所知，除了渴望，沒有什麼動機更能激勵一個人積極行動。有些妻子能成功影響丈夫的作為，靠的就是這個祕訣。一個男人的妻子希望致富或成功的時候，會將這份渴望灌輸到丈夫心中，讓丈夫開始有所行動，最後成功實現理想。這種例子我聽過不少。重點在於，對財富或成功的渴望，一定要深植丈夫心中，成為一個明確的動機，這樣才能激起他前所未有的鬥志，積極行動。

希爾：有一位哲學家說過，人類的缺點在於目標不夠遠大。依您來看，這句話確實有道理？

卡內基：沒有什麼比崇高的目標更重要了！一個人立志實現某個明確目標時，全宇宙的力量都會集結起來幫助他。他會開始動用身邊所有資源，來幫助自己實現目標。第一個前來支援的幫手就是進取心，只有透過積極行動，個人的理想才有可能實現。如果進取心能進一步激發「有計畫的努力」，成功的機率又會大幅提高。

從這個角度分析個人成就的時候，你會很快發現，一旦少了「有計畫的努力」，任何偉大的成就都只是空想。要實現個人理想，「有計畫的努力」並非可有可無，而是不可或缺！

希爾：根據您對這項成功法則的分析，我想無論是沒念過什麼書的人，或是教育程度極高的人，都能實踐這個原則。而且，一般人所謂的「教育」，不一定會教我們如何有計畫的努力。

卡內基：為了避免你混淆，我先釐清一件事：直到學會「有計畫的努力」法則，知道如何善用之前，沒有人算是真正「受過教育」。做事有條有理，朝明確的目標穩健有序地前進，才是一個受過教育的人應有的表現。你不妨好好研究

「教育」一詞的定義，就會發現教育要發揮價值，唯有透過「有計畫的努力」採取行動。

希爾：照您這麼說，白手起家、靠自己的力量成功的人，就是心裡有明確目標，懂得事先規劃、積極行動的人。

卡內基：沒錯，這就是「白手起家」的真諦。自己力爭上游而成功的人，都有堅毅不屈的精神，所以毅力其實也是一個關鍵。所有成功的人將計畫付諸實踐時，都會秉持無比毅力，如果不能持之以恆，即使投入「有計畫的努力」，也不一定能成功。

希爾：這麼說來，成功就是持續投入「有計畫的努力」，最後順利實現明確目標，對嗎？

卡內基：完全沒錯！不只如此，如果你仔細分析成功這回事，便會發現天賦、天才都不是成功的關鍵。任何人都能決定自己要追求什麼，接著制訂計畫，並且積極付諸行動。在這個過程中，唯一的「天分」是激勵自己努力不懈的毅力。如果心中的渴望能強化為一種執念，毅力其實不難培養。

希爾：卡內基先生，您很常提到「執念」這兩個字。能不能請您說明什麼是「執念般的渴望」？那是一種心態嗎？

卡內基：好，執念般的渴望確實是一種心態，與內心的主要意念有關。執念般的渴望可以說是一種自我催眠，因為它一直縈繞心頭，幾乎不曾消失。成功的人有一個習慣，他們會全神貫注、用心尋找實現人生目標的方法，也因為他們幾乎無時無刻都這麼做，這個習慣甚至變成一種自我催眠，在過程中催生出自立自強的精神、進取心、想像力與熱忱，更激勵他們投入「有計畫的努力」。

透過執念般的渴望，一個人夢寐以求的事物，會以清楚、具體的圖像傳入潛意識。接著，在某種科學家尚未釐清、無人知曉的力量作用下，潛意識會回應這些圖像，將實現內心渴望的具體方法和計畫，以靈感的形式傳到個人心中。

希爾：如此一來，自我催眠其實不是一種危險的習慣？

卡內基：這取決於自我催眠的內容。我聽過有人催眠自己接受貧窮、挫折與失敗，也有人透過催眠，向自己灌輸成就大事的強烈渴望。如果內心的渴望沒有化作一種執念、一種自我催眠，任何偉大成就都是不可能，我想這麼說並不為過。

催眠帶有一種神奇未知的力量，能引導被催眠者完成奇蹟一般的事情。在催眠之下，一個人能扛起平時完全搬不動的驚人重量，突然變得力大無窮。

在治療某些疾病上，催眠也有很好的效果。有些醫生專門用催眠治療精神疾病——這種療法稱為「暗示療法」（suggestive therapeutics）——當其他藥物、治療都宣告無效的時候，暗示療法通常能有其功效。精神分析是一種心理治療，其理論認為患者有異常的心理反應，是因為內心渴望受到抑制，這些渴望遭到意識拒絕，卻在潛意識相當活躍。

催眠不應被視為純然迷信或某種可畏的力量。大眾不了解催眠的本質與潛在效益，才會對它心懷恐懼。不過，對於能提供幫助的自我催眠，我們不必感到恐懼；我們也不需要了解催眠的確切運作或用途，才能享受它的效益。

我很高興你提到這個主題，剛好讓我能談談如何運用自我催眠，希望能提供一些實用建議。我們經常因為一個東西的名字而感到害怕，「催眠」兩個字就是很貼切的例子。有些人談到催眠，就聯想到「黑魔法」，或是用催眠術行騙江湖的術士，因此心生畏懼。不過，關於催眠的力量，我可以明白告訴你：沒有人能強迫他人被催眠。追根究柢，各種形式的催眠都是自我催眠。被催眠者必須有意配合，才能進入催眠狀態。

我認識一個人，他是某個產業公認的領袖人物。他一手扶植整個產業，隨著產業蓬勃發展，他也變得非常有錢。依我對他的認識，我敢說如果有人提議要為他進行催眠，他一定會覺得被嚴重冒犯，甚至會在聽到「催眠」兩個字的當下震驚不已。但是，你仔細聽好了，他的事業成就正是自我催眠的結果！一直以來，他透過執念般的渴望，不斷催眠自己追求事業成功，渾然不知這是一種自我催眠。其他成功人士也有一樣的經歷。因此，破除你心中的迷思吧！如果是建立在正向的熱切渴望上，則自我催眠一點都不危險，反倒非常有幫助呢。

我們所談的自我暗示，與恐懼沒有任何關係，不只如此，自我暗示法則更是成功的必要元素。所謂的「自我暗示」（我們給自己的暗示），不過是一種微弱的自我催眠。從這裡又能看出，我們喜歡為事物命名，最後卻常造成自己混淆。

如果告訴一輩子窮途潦倒的人，在自我催眠的機制作用下，他們今日的處境都是自己一手造成，對方一定難以接受，但這其實是不爭的事實。任何人都能輕易催眠自己，選擇對內心加諸恐懼與不必要的限制，或是讓內心充滿對成功的強烈渴望。潛意識會接受心智餵養給自己的意念，並作出回應。不管是貧窮的思維或富足的意念，潛意識都照單全收，而且很快會有所回應。我們不能因為自己不了解背後的機制，就對這些事實視而不見，甚至嗤之以鼻。

希爾：所以，您認為現實生活中是貧是富，都反映了個人的心態，與意外、機運或其他個人無法控制的因素都沒有關係，是這樣嗎？

卡內基：這的確是我的看法，不過，很多人並不這麼想，失敗的人多半有個壞習慣，他們在分析自己失敗的原因時，經常怪罪這個、抱怨那個，卻很少檢討自己。很多人將自己的貧窮歸因於經濟制度不公，但美國已經是全世界最棒的「機會夢土」，我們的政府和經濟體系、美國的精神，都是全球仿效的目標。如果在美國無法成功致富，在其他地方也肯定沒辦法，因為美國是一個鼓勵大眾累積財富的國家。

在美國，一個人會貧窮，是因為他沒有掌握發財致富的根本道理，太多人一心只想不勞而獲，不知道世界上沒有「白吃的午餐」。他們並不明白，富足人生的起點在於擁有明確的目標，加上願意為了財富努力打拚的心。

希爾：您想必知道，美國人民累積的所有財富，並非都是擁有正確心態的成果。有些人雖然坐擁大筆財富，但並不是自己掙來的，繼承的財產就是一個例子，得到這種財產不需要付出任何代價，也與繼承人的心態沒有任何關係。

卡內基：你會這樣想，代表你還沒徹底想通繼承財產這回事。繼承而來的財富的確不是繼承人自己賺得，也和他的心態無關，但是別忘了，傳承這筆財富的人可不是如此。除了極少數的例外，前者當初賺到這筆財富，確實付出了等價的努力，他能成功累積財富，也絕對和心態有關。

在繼承財富這件事上，你可能還忽略了一個重點。以這種方式得手的財富，很快就會回到經濟體系中。俗話說得好：「富不過三代。」留給後代子孫的財富，很少能傳承超過三代人。在美國的經濟制度下，不是自己賺來的財富很快就會回到社會上繼續流通。

不只如此，繼承而來的財富通常會讓人失去鬥志與擔當，無法守住自身財富。從這裡就能看出，沒有付出對等努力而得到的東西，都會以意想不到的方式從手中消失。繼承財產是如此，非法得手的金錢、各種不義之財也是如此。在宇宙的安排下，對於遊手好閒、愚昧無知，或一心想不勞而獲的人，自然法則並不會給他們好臉色看。仔細思索其中的道理，便能有重大領悟。

希爾：卡內基先生，請您務必明白，我並不是想擁護等著不勞而獲，或是繼承財產的人，只是想證明世界上有一套永久不滅的因果規律，會像您說的那樣，依照一個人的心態，公平安排最適合的人生際遇。您認為有這樣一套普世的因果規律嗎？

卡內基：是，我的確認為有這樣一套規律。只要認真思考過人生的因果，就能發現這項宇宙法則。愛默生在經典名篇〈論補償〉中也有非常精采的論述。

世界上有所謂的「補償法則」，如果懂得順著這項法則做事，便能無往不利。補償法則不會善待想要不勞而獲的人，也不會給遊手好閒、懶惰散漫的人任何好處。如果你注意觀察，就會發現美國的社會、工業體系、經濟制度，還有政府體制，都盡可能依照補償法則設計。我們來看看有哪些證據。

首先，在美國社會制度下，只要不侵犯他人的權益，每個人都享有最大程度的自由與自主。我們的政府制度賦予每個人這項權利，而且當初建國時，保障人民自由便是政府的使命。

第二，我們的工業與經濟制度設計完善，只要願意實踐「加倍努力」法則、積極進取，則付出多少努力，就能換得同等的報酬。因此，在美國的制度下，每個人都知道順應補償法則的好處，也因此有力爭上游的動機。

第三，在美國的制度下，天然資源並非由政府、個人或團體控制或持有，而是供所有人使用。人人都能參與的資本主義市場，也確保了各種形式的財富能持續在社會上流通，讓每個人都有發財致富的機會。我們的制度讓資本、商品與各種資產不斷流動，在這個過程中，任何人只要提供有價值的商品或勞務，便能從財富循環中拿到自己應得的利益。

在美國，一個人不只能發揮進取心，為自己賺取財富，整個美國社會也以顧客之姿向他招手，給他腳踏實地賺錢的誘因，鼓勵他開創富足人生。如果一個人善用自身長才、學識與經驗，順應補償法則的運作，因此累積大筆財富，我們不會加以斥責。美國制度鼓勵眾人力爭上游，為了自己渴望的事物，老老實實地付出同等價值的努力。因此，你會發現美國社會的運作，與自然界恆常的補償法則不謀而合，可見當初設計制度的人具有何等的智慧。

有些人不認同美國社會賦予的諸多權益，或表現得滿不在乎。如果美國社會有任何弱點，絕對來自這些人的不足，社會制度本身並沒有缺漏。

希爾：卡內基先生，您的論述非常有說服力。「美國社會制度能與補償法則相輔相成，要歸功於制度設計者的智慧」，您是如何作出這個結論的呢？

卡內基：我觀察了產業和企業的實際運作，從中分析社會制度的影響，因而作出這個結論。我比較了美國和其他國家的制度，發現我們的制度比別的國家好太多了，我們的生活水準超過世界上很多國家，賺取財富的機會也俯拾皆是、遠勝過其他國家。即使一個貧苦、不識字的砍柴工人，也能憑一己之力實現理想。自人類有文明以來，沒有一個國家能像美國一樣，賦予人民如此豐沛的發展機會。

希爾：這麼說來，對於抱怨自己沒有發展機會的人，您一點都不同情？

卡內基：沒錯，我不同情這種人。我反倒是為身在福中不知福的人覺得可惜，他們不知道比起其他國家的人，自己享有這麼多權益與機會，已經非常幸運。無知真是人類最嚴重的罪行！我很希望能讓書籍更為普及、加速知識流通，更尤其希望帶給世人一部成功學，藉此消除各種影響重大的無知行為。我希望人人都過著富足的生活，大家都能享有應得的豐厚財富。不過，我也要說，只有懂得善用進取心賺錢致富的人，財富才有恆久的價值。親手掙來的財富中，隱含運用財富的智慧，這是繼承財產或違反補償法則而得利的人，永遠無法參透的寶藏。

希爾：從您的分析來看，唯一沒有壞處的禮物，應該是實用的知識吧？

卡內基：能安全收受的禮物有三種，第一種禮物是知識，或是獲得知識的方式。第二種則是共享社會繁榮、賺取財富的機會。有了這份禮物，每個人都能在民主國家善用資本主義賦予的權利，發揮進取心，實現成功致富的理想。這些都是無價之寶，也沒有任何壞處。第三種禮物是鬥志或「成功的決心」，也是催生進取心的關鍵。

希爾：卡內基先生，您覺得父母給孩子金錢是好的嗎？

卡內基：這要看當下的場合、給了多少錢，還有給這筆錢的用意。父母有義務教導孩子正確的金錢觀。給孩子的錢如果超過必要，通常弊大於利。無論什麼場合、送給什麼對象，如果一個禮物有損個人積極賺錢的鬥志，則絕對有害。

父母給孩子錢花用，讓他們不用自己努力賺錢，因此失去對個人成就的渴望，這對孩子來說並不公平。父母如果有一筆錢想給出去，與其無償送給孩子，更明智的做法是捐給慈善機構。

希爾：如果是丈夫給妻子錢呢？這種行為可取嗎？如果是的話，給多少錢才算合理呢？

卡內基：同樣要看當下的情況。首先，你要記得丈夫和妻子是伴侶，所以丈夫給妻子的錢，不一定都是禮物。夫妻兩人共同賺來、共同擁有的財產，一般要公平分配。丈夫能累積財富，很多時候是妻子的功勞，因此她當然有權利分得一部分。然而，如果妻子在花錢上太過自由、毫無節制，便會危及婚姻關係，有時甚至會變成「揮霍無度」，最後導致兩人一談到錢就傷感情。妻子花錢如流水，也可能因此變得愛慕虛榮、好吃懶做，而丈夫分配收入的方式有失公允的時候，也可能讓妻子心生不滿，造成彼此的嫌隙。

每一對夫妻共享收入的方式都不同，沒有一體適用的原則。因此在這件事情上，兩人必須運用常理判斷，討論出共識。

希爾：如果是雇主給員工的禮物呢？有沒有什麼原則能夠遵循，讓這種禮物不會產生負面影響？

卡內基：我的同事曾經拿過一百萬美元的年終獎金，這還不包括他們平時的工作薪水。這筆錢不是一個禮物，而是他們「加倍努力」的酬勞。這些同仁對公司的付出，已經超出了自己的份內工作，這筆錢就是為了回饋他們對公司的額外貢獻。每一個與我共事的人，都有加倍付出的機會，如果願意好好把握，那麼做出多少貢獻，就能得到多少報酬。因此，身為雇主，我真正給的禮物，其實是所有員工都公平享有的機會。

希爾：這麼說來，即使雇主發揮進取心，運用自身經驗與智慧為公司創造營收，也不應該將利潤隨意分給員工，對嗎？

卡內基：沒錯，我不贊同無緣無故送禮給任何人。唯一的例外是捐錢給慈善機構，幫助無法自己謀生的人。

我舉一個例子，你就能明白送禮的人如果毫無原則，對收禮的人會有什麼影響。我有個朋友是一家知名企業的老闆。有一年，公司的營收創下佳績，他決定將百分之五十的利潤分給員工。他不考慮員工的工作績效或貢獻，分給每個人一樣多的利潤。三個月後，由員工組成的工會派代表來見他，要求他為所有人加薪。他拒絕之後，工會馬上發動罷工，不只讓他賠掉了一整年的營收，還造成上千美元的額外損失。

人性是很奇妙的東西。他的員工「推測」：自己明明沒做什麼，老闆還主動發紅包，表示他一定賺了很多錢，多到能幫所有人加薪。贈予金錢的時候，如果沒有設定任何條件或附帶義務，不只思慮不周，也隱含風險。如果這位老闆在無條件送禮物給員工之前，就能對人性有這番理解，他一定會在分配利潤的同時，跟員工談好條件，要求員工有對等的付出，即使只是承諾會拿出更好的工作表現也可以。

從這個例子就能看出，無償接受禮物的人所受到的負面影響，可能比送出禮物的人還要大，或至少一樣大。正所謂「施比受更有福」，收受免費禮物的當下，也背上了隱形的義務，最後可能得付出不小的代價，甚至會變得好逸惡勞，一心只想不勞而獲。

希爾：卡內基先生，業界領袖對人際關係的看法，也與您相同嗎？

卡內基：我想是的。一個領導者需要具備許多特質，我剛剛有列出了一些，其中一個是對細節的敏銳觀察。

要成為優秀的領導者，必須有高明的交涉手腕，能避免與人產生摩擦，也要懂得分辨人性的缺點與美德。這些都是成為領袖的基本條件，因此，舉例來說，任何領導者應該都知道不勞而獲的禮物，大都沒什麼幫助。傑出的領導者也知道最能與追隨者產生連結的方式，就是激勵他們積極努力。他們懂得鼓勵他人力爭上游，藉此拓展自己的能力。透過這種方式，一個領導者能同時兼顧許多面向，一次做許多事，也能做好每件事。

以美國鋼鐵公司這樣的大型企業為例，如果領導者在分派工作給部屬時，對部屬的能力沒有信心，不知道他們能否妥善執行自己的計畫，擔心成效比不上自己親自出馬，那他要先把重心放在哪裡，又該怎麼做呢？他還沒開始做事，就已經頭昏腦脹了！

既然談到這個主題，我也趁機再次強調，激勵他人發揮進取心的能力非常重要。施瓦布能成為我的左右手，關鍵就在這項能力。我願意高薪聘用他，就是看準他善於引導別人做事，而且成果和他自己做一樣好，甚至更好。我得強調一點：高階主管能領高薪，不只是因為他們的知識或能力，而是因為他們善於帶人、能領導團隊做事。公司付給一個人百萬美元的年薪，絕對不是因為他一個人能做出的成果而已。

希爾：很多人都知道，您曾經幫助許多員工晉升，從基層的鋼鐵工人變成坐擁高薪的資深主管。這些人擁有什麼樣的關鍵特質，讓您願意費心提拔、慷慨相助？

卡內基：我做的每一個升遷決定，都不是出於慷慨。他們能獲得升遷，都是自己努力爭取來的，跟我沒有太大的關係。不過，既然你都誠心誠意地問了，我就分享幾個幫助他們升遷的重要特質：

一、不用他人要求，也會「加倍努力」的習慣。我可以老實告訴你，我提拔的每一個人，都是因為具有這項特質，當初才能吸引我的注意。甚至可以說，如果不是這個習慣，他們今天可能還是鋼鐵工人，不會有任何改變。我做事有一個原則：除非一個人自己主動「加倍努力」，表現值得肯定，否則我不會給他升遷的機會，或付他優於平均的薪水。

二、能夠承擔責任，完成交辦事項，過程中不須他人督促。

三、善於帶人，能妥善分派職務、激勵他人積極作為。我在前面說過，與其聘用只能將份內工作做好的人，我更看重能帶領他人做事，而且把事情做好的人。

四、對公司與團隊忠誠！請到不忠的人對一家公司絕對沒好處。這種人對公司的貢獻通常很有限，還會對旁人產生負面影響，是拖垮公司的累贅。一家千人公司只要有一個這樣的人，全體都會被他不忠誠的態度影響。

五、積極樂觀的心態。和不忠一樣，悲觀的人也會影響旁人，打擊團隊士氣，對公司來說也是得不償失。同仁之間和睦相處，是企業成功的關鍵之一。團隊中如果有人老是忿忿不平，便很難營造和諧氛圍。

六、肯做事、肯付出！不管職位多高，都不能因此不做事。我敢說在我的公司裡，每一個曾經擔任管理職的人，做事都比下屬還要積極、勤奮。縱使有再多學問、再多優點，如果老是想把工作推給別人，絕對無法成為出色的領導者。

七、恆心！做事虎頭蛇尾、三分鐘熱度的人，不具有成為領導者的資格。

八、做事有準備。稱職的領導者會努力掌握資訊，不會自己「瞎猜」。

九、有明確的目標！無法決定自己想要什麼、三心二意的人，沒辦法成為領導者。

這九種特質就是讓我的部屬受到公司器重、晉升高位的關鍵，隨便分析一個成功的領導者，你也一定會在對方身上發現類似的特質。一般來說，越能展現這些特質，就越是個傑出的領導者。領導人才當然不只有這些優點，不過這些是成功領導者的「必備」特質，缺一不可。

希爾：您曾提過積極進取的習慣，這難道不是領導者的必備特質嗎？

卡內基：這項特質當然很重要，不過別忘了，有「加倍努力」習慣的人，自然是做事積極、自動自發的人。我沒有特別提到進取心，是因為對於願意多付出的人來說，它已經是一項工具。不須他人指示就會積極行事的人，一般都有很強的進取心。

希爾：那「誠實」呢？如果做人不誠實，還能用其他特質矇混過關，成為好的領導者嗎？

卡內基：不誠實的人，做什麼都無法有一番作為，更不可能成為好的領導者了。另一方面，如果一個人對團隊忠誠，通常在其他方面也都是個老實人。忠誠是最值得稱許、最高層次的誠實。不誠實的人不會願意加倍付出。

我很高興你提出這些問題，我才能給你一些提點，告訴你大眾可能想深入了解的課題。你的提問也非常有深度，展現了你追根究柢、注重細節的態度，這也是領導者的重要特質。懂得問對的問題，通常就知道拿到正確解答之後，下一步該怎麼走。我常說，能夠問好的問題，比能夠解決問題還要了不起。不瞞你說，提出好問題的能力，也是我看人的一個標準。我講這些話不是要討你開心，是要讓你知道成功學的重點所在。

希爾：如果一個人有志成為企業或業界領袖，哪些性格缺點可能有礙領導能力的養成呢？能不能請您分享一下？

卡內基：容我一言以蔽之，最不該有的缺點，就是缺乏我剛才說的九種特質。如果這九種是領導者必備的特質，則缺少這些特質，自然就是培養領導能力的最大阻礙。

希爾：說的也是！答案就在眼前，我竟然還問這種問題，真是糊塗！請讓我再試一次：您是否曾經判斷錯誤，選了一個人擔任領導者，認為對方具備九種領袖必備特質，後來卻發現他少了其中幾種？

卡內基：我不是要自誇，但我很少犯這種錯。原因很簡單，在我的公司，能晉升為主管的人，都先證明了自己具備領袖特質，後來才成為領導階層。這也是養成「加倍努力」習慣的一大好處，一個人即使職位低，只要展現加倍努力的精神，就有可能被上司看見、留下好印象。在加倍努力的過程中，他也有機會大顯身手，展現自己的各種優點，其中包括九種領袖必備特質。

希爾：卡內基先生，如果立志成為領導者，是不是應該把這九種領袖必備特質做成一張清單，貼在自己每天看得到的地方，時時提醒自己？

卡內基：能這麼做就太好了！這對於培養「領袖思維」非常有幫助。想成為領導者的人，其實可以將我先前所列的三十一種領袖特質抄寫下來，放在自己容易看到的地方。我的智囊團成員中，至少有六個人已經養成這種習慣。有個人還把所有領袖特質刻在一塊銅製的牌匾上，放在辦公桌上展示。每當有客人到訪，他總會提起那塊牌匾；部屬進到他的辦公室時，他也一定會提到牌匾上的內容。他透過這種方式，發現了非常多潛在領導人才，後來都順利晉升到更高的職位。

希爾：還有哪些領導者特質是您沒有提到的？

卡內基：我忘了提到一個最重要的特質：發掘他人長處的敏銳觀察力。能夠慧眼識英雄，很快發現他人優點的人，通常也具有其他關鍵領袖特質。如果你問我，我最引以為傲的能力是什麼，我會毫不遲疑地回答：「識人的眼光」，沒有這項能力，美國鋼鐵公司根本不會存在，因為公司最珍貴的資產，就是一群優秀能幹的員工——很多人都是被我相中、一手栽培的人才，我並不是要自我吹噓，這是事實。

希爾：從您說的這些來看，「有計畫的努力」其實包含許多特質，每一種都是不可或缺的成功要素。

卡內基：沒有錯，可以說這三十一種領導者特質，就像鎖鏈一樣環環相扣，每一種特質都有特定的重要功能，共同構成了「有計畫的努力」。就像一個一個的扣環，共同組成一條完整的鎖鏈，少了其中一個，「有計畫的努力」便會有缺損，力量也會被削弱。

希爾：要如何培養這三十一種領袖特質呢？

卡內基：和培養任何人格特質的方法一樣：持續展現這些特質，並且不斷精進自我。別忘了，一個人能培養出這些特質，都是出於內心的渴望。這些特質並非與生俱來，而是透過刻意練習、用心培養的結果。

希爾：這麼說來，任何人都能夠培養這些特質，對嗎？

卡內基：是的，只要願意努力，任何人都能培養這些特質，但是只想不勞而獲的人絕對做不到。

希爾：這些領袖特質是「帶得走的能力嗎」？舉例來說，今天換作是其他產業，您也能有在鋼鐵產業一樣的成就嗎？

卡內基：這題的答案得花一點時間解釋。老實說，我對製造鋼鐵的技術了解不多，比不上公司裡任何一位員工。智囊團原則讓我能補足知識上的不足。在我的智囊團裡，有些成員知道跟鋼鐵製造、銷售有關的大小事，也對各種鋼鐵製品如數家珍。

回答你剛剛的問題：我想換作是鋼鐵以外的產業，我應該也能成功，因為無論在什麼領域，我都能運用智囊團原則，挑選對業界瞭若指掌的專家一起合作，闖出一片天。

希爾：這正是我想聽到的答案。這麼說來，成功法則確實能應用於各個領域。只要能將成功法則融會貫通，就能應用在任何事情上，是不是這樣？

卡內基：是的，你的觀念大致上沒有錯，不過別忘了，每個人都有比較適合自己的工作，如果能從事自己熱愛的工作，成就通常也最為不凡。一個人做自己最喜歡的事情時，不只會全心全意地投入，成就感也會油然而生。你不妨記下這個道理：如果從工作中得到的只有薪資袋裡的錢，沒有其他東西，那麼不管賺的錢再多，生活都沒有意義。

一個人從工作得到的最大收穫，是勝任工作而得到的滿足感。每個人都應該從工作中找到成就感。只可惜，不是每一個人都能投入自己最喜歡的工作，這是殘酷的現實。如果你不太相信，不妨想想一個人為了愛付出、為了心愛的人努力時，內心感受到的喜悅。一心想為他人無條件付出的時候，工作會變成一種享受，而不是負擔。從這個人性觀察，就能看出一個人樂於工作時，做事一定更有效率。

一個滿懷熱情的工匠能讓創作氣質不凡，

打造出理想的成果。

An enthusiastic workman

dignifies his art and arrives at results.

回到你的問題，我認為成功法則放諸四海而皆準，是普世通用的準則，就像英文字母一樣，能用來拚出所有英文單字。

希爾：如果成功法則在各種領域都適用，為什麼學校不教這些法則呢？如果大家從小就能像學數學或英文一樣，開始學習成功法則，不是能幫助很多人免於失敗嗎？

卡內基：我也問過自己同樣的問題，我想我能給你一個答案。學校從來不教成功法則，原因其實很簡單：因為成功法則從來沒有被統整歸納，集結成一部實用的「成功學」。我請你爬梳所有成功法則、分析各種失敗原因，統整出一部成功學的時候，心裡想的就是這件事。等你完成這項任務之後，成功學便能變成教材，引領社會進步的關鍵將是這部成功學。學生整天在學校死記書本上的知識，而不是學習為人處世的實用知識，忽略了成功的根本，這是現行教育不合理的地方。學校應該教導孩子如何圓融處世、以和為貴，避免與人產生摩擦。

各種學科都有其重要性，但是學習這種知識，比背誦歷史事件的年份和人物更重要，也和學好母語同等重要。

希爾：卡內基先生，您說一個人下定決心的時候，就是開始行動的最好時機。我想一定有什麼方法能影響學校，讓「成功學」以教科書的形式出版，作為教材。如果要將成功學推廣到公立學校，您會如何著手呢？

卡內基：要成功實現這個目標，得花上好幾年的時間，而且在那之前，你也要先下一番苦功才行。不過，接下來的流程大致如此：

第一，你必須將成功學寫成直白易懂的大眾書籍，之後推薦給對成功法則有興趣、想要功成名就的人。如果你夠幸運，有出版社願意幫你宣傳，那麼在三到五年內推廣這本書，應該不成問題。

第二，你要開始訓練能夠教授成功學的講師，之後等時機成熟，你就能為公立學校提供師資。在公立學校願意聘用專業講師之前，這些老師能先在外面開班授課，賺取一份不錯的收入。

第三，你應該開設自己的私立學校，教導如何以在家自學的方式學習成功學。這麼一來，你就能將成功學推廣到全國各地，幫助有心學習成功學的人。

第四，你應該請出版社協助，將成功學翻譯成外國語言，嘉惠其他族群，這麼做也能幫助你將成功學推廣到其他國家。

完成這些步驟之後，社會上會掀起一股成功學熱潮，公立學校也才會開始有興趣了解。這一切要成真，也許需要十年之久，不過當然也要看你未來成為什麼樣的領導者。

希爾：換言之，我想教會別人什麼，自己要先以身作則、身體力行才可以。您的意思是不是這樣？

卡內基：一點都沒錯！一個醫師生病的時候，如果不願意吃自己開的藥，你絕對不會相信他。你必須透過自身經驗，證明成功法則確實有用，讓自己成為成功學的活招牌。

希爾：這樣的話，我一定要運用成功學累積許多財富，證明它行得通，是嗎？

卡內基：這要看你對「財富」的定義是什麼。財富分為很多種，如果你指的是累積金錢，那麼透過成功法則，確實能賺到你需要的任何財富。不過，有一種財富就在你眼前，而且比金錢更為可貴。這種財富數量之多、價值之高，等我揭曉的時候，你也許會大吃一驚。更妙的是，這筆財富不只屬於你自己，也會成為全球人民的財產。如果你能了解我接下來為你勾勒出的未來，看見其中的無限可能，並依照我的建議去做，也許有朝一日，你會發現自己遠比我還要富有。

如果你無法看到我描繪的願景，那就是我的失職，因為是我將這項重責大任交付給你。我所交派的工作中，這是規模最龐大、最艱鉅的任務，但我相信你能勝任這份工作。你若能順利完成，全世界都會因你變得更加富足，不只是物質財富的富有，更是心靈層次的富有。少了心靈的充實完滿，任何形式的財富都無法長存。

我希望你已經充分理解到，「成功學」不只有著成功致富的法則，也呼應了耶穌在《登山寶訓》中揭示的真理：「無論何事，你們願意人怎樣待你們，你們也要怎樣待人。」

你必須體會成功學的這項核心宗旨，才能看到未來的無限契機。世人的心靈如今越來越貧乏，眾人摒棄了宗教信仰，投奔其他思想的懷抱。只有將自身最大的弱點，轉化為強大的正向吸引力，眾人才能回到正途，共創文明和諧的社會。而人性最大的弱點，就是對物質財富的渴望。

「成功學」揭示了發財致富的唯一安全途徑，也提供了心靈成長的養分。因此，你所寫的成功學不只能滿足大眾致富的渴望，也給了大家真正需要的補給！

我想你一定能明白這一點。

以認真的態度對待每一天的工作。

You have important work to do today.

從我描述的理想願景裡，你可以清楚看到眼前的機會，這是其他人不曾享有的成功契機。好好把握這個機會，你便能造福社會、做出了不起的貢獻。最後，我想給你一個忠告：永遠保持謙卑。別被自己的名氣沖昏頭。將這份工作視為值得感恩的殊榮，而不是用來誇耀的成就。千萬要記得《聖經》裡的智慧之語：「世人之中最偉大者，自應秉持僕人之心，服務眾人。」

原著編者註：卡內基為美國公認的業界領袖，在三十多年前將統整「成功學」的重責大任交付給希爾，並提供了這些寶貴建議。希爾不負所托，實現了卡內基的理想。如今，許多可靠證據也顯示卡內基對美國社會的預言極為準確，令人佩服。

CHAPTER 6

有計畫的努力之解析

ANALYSIS OF CHAPTER FIVE

by Napoleon Hill

在前一章裡，卡內基分享了美國成功學中的「行動」要素，其中包含三十一種領導者特質。

如果希望從任何人生哲學中有所收穫，關鍵在於身體力行，透過「有計畫的努力」實踐，並搭配按部就班的行動。因此，這一章可以說是啟動「進取心」的引擎、讓成功計畫開始運轉的金鑰。只要願意用心規劃、力爭上游，成功致富的機會便源源不絕，未來無可限量！

任何人只要發揮「有計畫的努力」法則，加上「加倍努力」的習慣，並將兩者用在對的地方，就能得到前所未有的發展機會，開創理想的富足人生。這兩項法則息息相關，如果能加以整合、妥善運用，就能提升個人的力量，更快實現人生的理想。在美國，我們仍享有展現進取心的自由，實屬幸運。能夠積極作為，代表我們能選擇自己想要的生涯方向，決定要為社會提供的服務，也因此決定了自己能得到的報酬。

任何成就都是自我成就，都是一個人自己積極爭取的成果，這是卡內基在這一章不斷強調的道理。如果一個人發揮進取心的權利被剝奪，也就喪失了美國社會所賦予珍貴的自由權。

一次世界大戰結束後，全球進入延續多年的經濟大蕭條，在這段期間裡，我們了解到原來有比被迫工作更悲慘的事情，那就是被迫「不能工作」。正如卡內基所說，沒有任何東西能取代工作對生活的意義。

最能給人滿滿收穫的工作，就是一個人發揮「有計畫的努力」法則，不受他人脅迫、主動投入的工作，這也是接下來的分析重點。我心裡非常清楚，我們現在已經切入了成功學的核心課題。有志學習成功學的人，務必掌握「有計畫的努力」法則，徹底了解其內涵與重要性，否則可能無法依照卡內基設想的方式，充分發揮這項法則的效益。

如何發揮「有計畫的努力」法則

卡內基曾堅定表示，成功人士的親身經驗，是證明成功法則站得住腳的最佳證據。因此，我們不妨深入觀察美國社會，看看「有計畫的努力」在各種領域如何被實踐。

以現代的實業股份有限公司為例，各位讀者可以發現，如果領導者懂得善用「有計畫的努力」法則，公司的經營是多麼順暢無礙。

股份有限公司是一種有限合夥的組織，由獨立合夥人（又稱為股東）共同挹注營運資金，並各自依出資比例持有公司的股份。只要出錢獲得股份，任何人都能成為股東，因此一家公司的合夥人可能包含技師、農夫、商人、神職人員、教師、醫生、律師等各行各業的人。

除了用來經營的營運資金以外，一家公司還有另一項同等重要的資產：負責從事生產的員工，其中許多人也是公司的股東。這些員工又能分為兩種，勞工與主管，主管具有專業背景、經驗與領導特質，因此負責監督與指揮勞工作業。

這套體系根據具體的規劃，有效發揮了「有計畫的努力」法則，為每一位員工訂定工作內容、界定職責權限。

如果管理高層與勞工彼此和諧相處，公司便能蒸蒸日上。在同心協力之下，他們為公司創造營收，能用以支付員工薪水。如果公司沒有遭遇經濟不景氣或其他緊急事件，剩下的盈餘也能分配給股東，做為他們的投資報酬。

倘若真的發生緊急狀況，嚴重衝擊公司獲利，最後導致重大虧損，或僅能勉強打平收支，公司必須以支付勞工薪水為優先，股東則無法獲配任何東西。

這個例子顯示，對一家公司而言，運用「有計畫的努力」法則有其必要。所謂的「有計畫」，指的主要是打造良好的主管與部屬關係，如果雙方同心協力、和氣共事，公司通常能有亮眼的表現。然而如果主管怠忽職守，對員工的工作效率與品質完全不在乎，則所有利害關係人都會受到牽連，不只員工會丟掉飯碗，股東也會賠掉投資。

美國陸軍與海軍做事嚴謹、講求效率，也徹底實踐了「有計畫的努力」法則。在軍隊中，從軍階最高的長官，到地位最低的三等兵，每個人都了解同心協力的重要，也以此為行事準則。能夠落實這種「有計畫的努力」，關鍵在於嚴格的紀律。如果每個人都能像軍人一樣嚴格自律，貫徹「有計畫的努力」法則，人生一定能少走很多失敗的冤枉路。

我經常想，如果每個年輕人在踏入職場之前，都先到陸軍或海軍受訓，學習如何實踐「有計畫的努力」、親身體會嚴格自律的好處，或許會是一種很好的訓練。無論什麼領域，有志成為領導者的人如果能上一些領導力相關的培訓課程，了解如何透過「有計畫的努力」培養高度自律，想必很有幫助。

銀行業是另一個將「有計畫的努力」發揮到極致的例子。和軍人一樣，銀行內部也極度自律，銀行家通常自己會帶頭發起改革、推動產業進步——不妨拿三十一種領袖特質分析各個銀行家，看看他們實踐了多少成功法則。銀行業的競爭雖激烈，卻是良性競爭。他們願意做事，也能把事情做好。銀行家多半既聰明又勤奮，身在銀行業，他們做事必須按部就班、一板一眼，看似一種限制，但是對於秉持這種態度生活的人，其實是一種優勢。

美國社會所展現的「有計畫的努力」，具有最強大的力量，這股力量來自人民，並由州政府與聯邦政府通力合作，達成共同目標，打造出偉大的國家。

從以上這些例子裡，就能窺見美國富足與自由的真正原因：財富主要由工業與銀行業提供，自由則來自政府的保障。當這些力量與財富共同作用時，便能打造繁榮富強的社會；倘若互相衝突，則會發生經濟衰退、失業與罷工等社會亂象。

接下來要分析的族群也是美國社會的一員，不僅為數龐大，也非常重要，這些人就是美國農民。

農民為社會生產糧食，貢獻不小，然而農民經常面臨入不敷出的窘境，收入多半只能勉強餬口，有些人甚至難以靠務農維生。如果農民能效法銀行家與工業家，在經營上有效發揮「有計畫的努力」法則，絕對能大幅改善收入。

現在，讓我們深入研究農民都怎麼做事，比較他們和銀行業與工業的差別，找出「有計畫的努力」能派上用場的地方。既然我特別挑了農民當例子，將他們的弱點攤在放大鏡下檢視，乾脆一不做二不休，清楚列出需要改善的地方，供他們參考：

一、一般農民擁有的農地面積約有六十四點七五公頃，其中大約二十點五公頃用於農耕，剩下的四十四點五公頃則閒置不用。但是，農民繳的稅其實涵蓋了整片農地，這就好比通用汽車蓋了一間佔地二公頃的工廠，花大錢添購了最頂級的設備，結果只用了三分之一的廠房，其他空間都放著養蚊子。

二、在科學化耕作方法下，農民應該實施輪耕來保持土地肥力，但農民多半不休耕，年年栽種相同的作物，破壞了土壤質地。

三、農民通常想種什麼就種什麼，不會因應市場需求進行產銷規劃，因此種出的作物要不是賣不掉、就是賣到缺貨，生產效能並不理想。

四、農民多半只想將農產品賣掉，並不在乎價格好不好，但是秉持「有計畫的努力」原則經營事業的商人，不管是買或賣，都有一套明確的銷售原則。

有任何成功的念頭之前，一個人得先知道自己有什麼缺點，並找出改正的方法。本著這樣的理念，接下來我不針對任何族群，純粹分享我在一般人身上常看到的缺點。

這張「缺點清單」很長，內容並非我任意杜撰，而是一位專業分析師彙整的結果。他以來自各行各業的兩萬五千名美國人為對象，經過客觀、嚴謹的分析，最後統整出這張清單。仔細研究這些缺點，你就會了解為什麼每一百位美國成人中，就有九十八位屬於「人生失敗組」。

自我反省是追求進步的先決條件，也唯有如此，才能實踐古代哲學家的箴言：「人類，認識你自己。」因此，不妨捫心自問，誠實面對自己的缺點，才能找出哪些原因阻礙了你實踐「有計畫的努力」。在自我檢視的過程中，也別忘了每一項缺點都是壞習慣的產物，只要有心努力，就能慢慢改進。

有時候，我們不知道自己有些習慣阻礙了成功之路。會有這種狀況，多半是因為我們不願意徹底反省自己。因此，希望有志透過成功學實現抱負、開創成功人生的所有人，都能好好審視內心，勇於承認缺點，而不是自圓其說，為缺點找藉口。

以下就是阻礙「有計畫的努力」的各種人性缺點：

一、總是想不勞而獲。這個習慣通常從賭博行為展現，例如只做半天工，卻要求全天薪水、做生意不老實、要求政府補貼、不願找工作，依靠親戚過活，以及透過暗中破壞或杯葛的行徑，仗著人多勢眾而巧取豪奪，欺壓無助的人。（這類行為隨處可見，嚴重衝擊社會的運作，因此名列各項缺點之首。）

二、不在乎或不願意主動「加倍努力」。

三、生活經常入不敷出，未能規劃個人預算，也不懂得善用瑣碎時間提高收入。個人就和政府或企業一樣，沒有編列「平衡預算」的話，不可能成功。

四、不在乎或斷然拒絕團隊合作，因此錯失許多賺錢獲利的機會。

五、未能從失敗中記取教訓，經常重蹈覆轍。

六、喜歡「臆測」而非探求真相，經常對自己不太懂或不了解的事發表「高見」。

七、喜歡爭論瑣碎的事情，因此為自己樹立不必要的敵人，招致他人反感。

八、喜歡走捷徑、貪小便宜，不願勇敢面對現實與人生。

九、渾渾噩噩過日子，沒有明確的人生目標。

十、經常沒有深思熟慮、事先規劃，便貿然行事。

十一、開始一份工作或做任何事前，總是沒有充分準備，因此無法勝任。

十二、做事經常態度草率，不只缺乏明確目標、心不在焉，也無法一鼓作氣。

十三、飲食、飲酒毫無節制，縱慾過度，影響身體健康。

十四、不願努力追求好的表現，找藉口掩飾自己滿不在乎、缺乏鬥志、懶惰散的態度。

十五、任由情緒主宰自己，不願積極管控情緒。經常亂發脾氣就是最要不得的行為。

十六、喜歡當「獨行俠」，不懂得與人合作、善用智囊團原則。

十七、不注意工作與個人收入上的小細節，在待人接物上也不夠體貼細心。

十八、做事不謹慎思考，經常衝動行事。

十九、缺乏自律與信念，做事總是畏首畏尾。

二十、心胸狹隘，對宗教、政治與經濟等議題心存偏見。

二一、渴求物質財富，因此對崇高理想與精神嗤之以鼻。一旦這種習慣過於普遍，就會面臨心靈貧瘠的窘境。

二二、總是癡心妄想，而非老老實實做事。空想絕對無法致富！

二三、遇到挫折便輕言放棄，而不是堅持不懈、越挫越勇。

二四、做人不老實，有說謊習慣。

二五、發生自己無法控制的突發狀況時，無法從容應對、處之泰然，不知道宇宙唯一不變的真理就是改變。

二六、不積極主導自我心智、凡事未認真思考。

二七、只會羨慕成功的人，卻無心效仿學習。

二八、無法放下心中的仇恨與怨懟，因此老是活在過去的苦痛中，無法掌握當下、展望未來。

二九、明明健康無虞，卻經常懷疑自己生病（即慮病症的表現），這種習慣通常是因為想要偷懶不做事，或希望博取他人同情。

三十、老是想跟他人比闊氣、比排場，而不是安於自己的收入與社會地位，腳踏實地過活。

三一、愛慕虛榮、自我中心。

三二、老是想找成功的捷徑，不願意按部就班，依循既定的成功法則。

三三、缺乏對宗教理念的深刻認識，或過度渴求物質財富，因此貶低宗教信仰的價值。

三四、對朋友或同事不忠，後者尤其嚴重。

三五、不願意用心體會與順應自然法則。

三六、放棄投票，未能善盡公民責任。

三七、好管閒事，喜歡打聽他人私事，而不是善用時間解決自己的問題。

三八、缺乏獨立自主的能力，因此總是自我設限。

三九、總是要別人出主意，自己不動腦思考。

四十、以為自由與自主是一種特權，而非需要珍惜的權利，無形中破壞了民主社會的根基。

其他沒有列出的缺點也可能妨礙「有計畫的努力」，破壞個人成功的潛能，不過這些已經是較常見的人性缺點。

讀到這裡，一般人的反應通常能分為兩種。一種人會認為這些是「很多人都有的」缺點，那又如何，繼續過自己的生活。另一種人會說：「我要好好檢視自己，找出哪些缺點阻礙我進步。」

各位讀者思考自己會採取哪一種態度。無論決定如何，都會有重大影響，做了對的決定，也許就能迎來人生最重要的轉捩點。

要把事做得更好，不妨把一切想像成
創造、累積、成長、邁向巔峰的過程。

To do better work, think of it as a process of
creating, building, growing, and climbing.

接下來，我將分析有哪些方法和工具，能幫助我們建立好習慣，持續投入「有計畫的努力」。在那之前，我必須強調：習慣決定了人生的成敗。從前面的四十個缺點敘述中，你會發現，缺點其實都是「經常」、「老是」養成的壞習慣。

卡內基先前分享了三十一種領導者特質，各個都是實踐「有計畫的努力」原則所必需。我也簡單列出了四十種有礙發揮這項成功法則的壞習慣。要徹底掌握這項法則，第一步就是培養這三十一種領導者特質，而且內化成一種習慣。順利做到之後，自然能消除這四十種有害的習慣。

經過我去蕪存菁之後，為了將「有計畫的努力」法則付諸實踐，進而養成習慣，必須採取的關鍵步驟大致如下：

一、設定明確的人生目標，並制定行動計畫。

二、找到一位或多位適合的夥伴組成智囊團，並且立刻展開行動，一起為了實現目標努力。持續投入行動是一大關鍵。

三、養成「加倍努力」的習慣，讓他人看見自己的努力，因而願意伸出援手，協助自己實現目標。

所有成功的人都有投入「有計畫的努力」的習慣，有時甚至已經變成下意識的舉動。失敗的人則大多「飽食終日，無所用心」，生活漫無目的，他們因為缺乏「有計畫的努力」，即使有所作為，成效也十分有限。

接下來，我們來看看歷史上傑出的成功人士。他們總是帶著明確目標行事，善用「有計畫的努力」法則，因此能造就不凡。

（一）耶穌——道德準則與心靈啟發。

（二）哥倫布——探險與航行。

（三）愛迪生——發明與科學領域發現。

（四）馬可尼——投入無線電通訊領域的研究與發明。

（五）福特——不須馬匹拉牽的動力車。
（六）印度聖雄甘地（Mahatma Gandhi）——消除大眾的無知與迷信。
（七）拿破崙——軍事行動。
（八）牛頓——研究自然法則。
（九）萊特兄弟——飛行。
（十）林肯——維持美國統一。
（十一）伯班克——研究植物學與自然法則。
（十二）馬歇爾・菲爾德（Marshall Field）——現代百貨公司。
（十三）詹姆斯・希爾——鐵路建設。
（十四）安德魯・卡內基——工業與教育。
（十五）約翰・洛克斐勒——工業與慈善事業。
（十六）路易・巴斯德（Louis Pasteur）——對抗疾病。

（十七）喬治・華盛頓——軍事行動與執政治國。

（十八）湯瑪斯・傑佛遜（Thomas Jefferson）——治國與成立穩健的政府。

（十九）富蘭克林——執政治國、商業、哲學與科學。

（二十）湯瑪斯・潘恩（Thomas Paine）——哲學與文學。（一般認為他是美國獨立運動的關鍵推手。）

（二一）賽謬爾・龔帕斯（Samuel Gompers）——推動勞工運動。

（二二）查爾斯・施瓦布——鋼鐵產業。

（二三）李・德富雷斯特（Lee de Forest）——科學與發明。（改良現代收音機的大功臣。）

（二四）貝爾——科學與發明。（發明了現代電話，而且在實驗過程中發現了光波能接收並傳遞聲音，奠定了無線廣播的科學基礎。）

（二五）埃德加・柏根（Edgar Bergen）與木偶查理・麥卡錫（Charlie

McCarthy）——娛樂與腹語術表演。柏根證明了只要願意積極奮發，一個平凡人和一隻木偶也能發揮「有計畫的努力」法則，將歡樂帶給數百萬美國人。

最後這一個例子可以說最為重要。柏根的故事帶給人希望與勇氣，鼓勵大家別怕失敗、繼續嘗試，只要堅持下去，有朝一日也能闖出一片天。

從這些例子便能看出，「有計畫的努力」是克服失敗主義的萬靈丹。這些偉人與各個領域的成功人士，共同形塑出現代化社會，也賦予每個人實現理想的機會。只要願意用心規劃，朝著明確的目標努力，任何人都能開創成功的人生。

接下來，我將深入說明如何實踐「有計畫的努力」法則。我們以一個真實故事為例，看看故事的主人翁如何透過「有計畫的努力」法則，累積超過一百萬美元的財富，更為自己創造許多機會，能進一步發揮影響力、造福人群。

由於故事中的人物正處於事業高峰，不希望自己的出身背景曝光，因此我在故事中不會提及任何人的姓名或真實地點。

一切要回到二十五年前，當時有個年輕人剛結完婚，準備第一次到岳父母家裡拜訪。旅程的最後一段必須搭乘市區電聯車，不過岳父母所住的城鎮並不在列車的行駛路線上，距離最近的車站還有三公里左右。列車到站之後，乘客一般會搭馬車進入市區，但是當時並沒有馬車可搭，所以年輕人和妻子必須徒步走這三公里的路。

無車可搭當然讓人生氣，但這件事後來卻有意想不到的發展。儘管一切看似稀鬆平常，人生的重大轉折卻總是突然出現，讓人驚呼連連。事情經過到底如何？且聽我娓娓道來。

年輕人抵達時，首先遇到了妻子的兩個哥哥。他們從來沒見過新郎倌，因此他說的任何一句話，自然都會變成第一印象，影響兩人接下來對他的態度。

年輕人並沒有花時間說場面話，直接丟給兩位舅子一道難題，但他們也不是省油的燈，立刻順勢回擊，當場讓他下不了台。

年輕人問道：「你們為什麼不請電聯車公司建一條支線，延伸到市區，省得大家走這三公里路呢？」

其中一位舅子回答：「過去十年來，我們一直想說服他們這麼做，但是一直沒有成功。」

年輕人大吃一驚：「什麼！我想這只需要花三個月就能做到的事，你們竟然試了十年還沒成功？」

對方說道：「太好了，你來這裡才不到五分鐘，就幫自己找到事情做了！」

從這一刻起，請各位仔細觀察，也許就能看出「有計畫的努力」法則如何運作。雖然年輕人是因為說話心直口快，被迫承擔這項工作，但仍然不影響「有計畫的努力」發揮作用。人生弔詭的地方，在於許多人通常都是在這樣的意外情況下，或是為情勢所逼、走投無路時，才會發現成功法則，悟出人生的道理。

年輕人說道：「那有什麼問題！我會接下這份工作，證明要蓋好三公里的鐵路，不需要十年的時間。」

他開始捲起衣袖、全心全意地投入這項工作。不過老實說，也是時勢所迫，他當下不得不接受挑戰，否則在妻子的親戚面前哪還有面子可言。

四處打聽之後，他得知電聯車路線延伸到城鎮的最大阻礙，在於鐵軌必須橫跨一條大河，因此需要斥資數十萬美元建一座橋，但鐵路公司不願意花這筆錢。

在兩位舅子的陪同下，年輕人來到河邊勘查狀況，三個人靜靜站在一旁，看到了這般景象：

一條鄉間道路沿著陡峭的河岸蜿蜒而下，透過一座老舊的木橋與河流對岸連接。河的另一頭是運煤的蒸汽火車專用的儲存場兼調車場，約有十幾列鐵軌。十分鐘之後，一輛列車駛入調車場，阻斷了鄉間道路。不久，一位農夫趕著一群馬，從調車場遠處的一頭過來，在鐵路與道路的交會處停了下來，等待恢復通行。過了幾分鐘，又有一位車伕從不遠處出現，也停下來等待通行。

十五分鐘過去了，一點動靜都沒有。鐵路平交道依然受阻，一群人竟然就這樣痴痴地等待！

年輕人看著眼前發生的一切，竟然從中看出了問題。如果不是他因為說錯話而惹上麻煩，急著找出解決方法，他也許無法從眼前稀鬆平常的景象中，看到兩位舅子沒發現的重點。

年輕人的想像力齒輪開始轉動，他靈光一閃，想到了成功解決問題的辦法。人生很奇妙，事態緊急，需要當機立斷的時候，一個人的想像力總會變得特別敏銳，能夠急中生智、找到出路。

年輕人轉向他的親戚，激動地說：「你們看到的和我看到的一樣嗎？」

兩位舅子抬頭一看，只見鐵路平交道被一輛列車擋住。其中一人說道：「這根本沒什麼呀！我曾經在這個平交道等了三十分鐘以上，而且還不止一次。這些農夫才等了十幾分鐘而已。」

「不對，」年輕人對自己喃喃低語：「你們應該沒看到我眼裡所見的東西。不過為了保險起見，我確認一下好了。」

年輕人說道：「解決橋梁問題的答案就在眼前。我們把問題拆成三個部分，一次解決一個。鐵路公司會負擔三分之一的造橋費用，讓鄉間道路改道，這對他們來說非常划算，因為哪天岔路口如果發生事故，賠償金額絕對遠超過這筆錢。市政府也會負擔三分之一的造橋費用，讓鄉間道路與鐵道分開，保障人民的交通安全。電聯車公司如果能將路線延伸到市區，就能增加額外的載客收入，所以也會願意付三分之一的費用。問題這不就解決了嗎？」

兩位親戚盯著彼此看了一會，接著看向站在一旁的年輕人。彷彿事先講好一般，他們突然異口同聲地說道：「唉呀！我們之前怎麼沒有想到呢？」兩人當下就明白年輕人找到了答案。接下來整個禮拜，三人忙著與蒸汽火車公司、電聯車公司與市政府代表會談，由年輕人帶頭發言。在他們的協調之下，三方共同簽署了一份契約。短短三個月內，一條鐵路支線便完工落成，開始提供通往市區的載客服務。

不過，故事並沒有到此結束，甚至連開始都還算不上。新建的鐵路促進交通便利，吸引許多外縣市的人到鎮上定居，為當地帶來新氣象。城鎮開始繁榮、熱絡了起來，這一波都市發展改善了生活各個面向，妻子的親戚也因此受惠。城鎮鄰近一帶的土地都是他們家族所有，隨著地方經濟起飛，他們將土地分割成多塊建地，並以極好的價格售出。建商接著開始推動新建案，為當地創造了許多就業機會。

年輕人成功讓鐵路延伸到市鎮，贏得地方居民的肯定，內心充滿成就感之際，他也決定以這次成功經驗為基礎，再接再厲。

他的舅子從事天然氣生產事業，主要供應地方需求。年輕人說服他們提高產量，將市場拓展到鄰近城鎮。

不過，即使客戶變多了，需求仍遠遠不及天然氣的供給，年輕人的想像力齒輪再次開始轉動。他得知製造玻璃需要耗費大量燃料，因此鼓吹城鎮居民成立公司，投入玻璃製造。玻璃公司不只為小鎮帶來六百多名工人，催生住房與消費需求，新工廠也成為天然氣消費大戶，每個月為天然氣公司貢獻超過三千美元的營收。

此時，新聞媒體早已聽聞年輕人的事蹟，開始大幅報導，他的故事登上了多家報紙的頭版，居民都笑稱鎮上出了一個「卡內基」。鐵路公司對他做事積極的態度讚譽有加，甚至重金禮聘他擔任首席顧問的助理。

一年後，他成為聲名遠播的大人物，一家專門出版教育類書籍的大型出版社找上他，希望能聘請他擔任行銷經理。他接下這份工作，薪資比同年紀的人還要高出許多。他離開自己協助打造的繁華城鎮，開始與出版社合作。而今，他的影響力觸及了美國每一座鄉村、城鎮與都市。

於此同時，當初他在妻子的故鄉協助成立的新公司，也在轉眼間成為規模龐大的企業，兩位舅子因為天然氣公司業績長紅，都成了百萬富翁。對於年輕人在公司發展初期的幫助，兩人感激在心。為了報答，他們決定為年輕人的三個兒子提供教育經費，支持他們一路念到大學畢業。現在，他的大兒子是天然氣公司的總經理，眼看即將靠自己的能力賺進第一桶金，成為百萬富翁，另外兩個兒子也在公司內部擔任要職。年輕人當初發揮「有計畫的努力」法則，為這座城鎮創造繁榮與富足，為做工、經商的人帶來發展契機，他對地方的貢獻與功勞，絕非三言兩語能解釋清楚。

他的故事證明了，如果能持續實踐「有計畫的努力」法則，善用在對的地方，終將有不凡的成就。

你可以從任意角度切入，仔細研究他的人生遭遇。分析到最後，你不免會發現，他能做到的事，其實任何人也都能做到。

他的成功，是做事有條有理、努力不懈的結果，與天分或超凡能力無關。若將卡內基所說的十個成功法則融會貫通，加以整合善用，就是他的成功方程式。

一、設定**明確目標**，擬定具體計畫，發揮決心與毅力追求目標。

二、善用**智囊團原則**。

三、持續付諸行動，展現積極**信念**。消極的信念無法給人力量。

四、透過明確的計畫，展現**組織思考力**。

五、運用**創意思維**，為自己設定目標、打造行動計畫。

六、發揮專注力，集中精神想著主要目標，直到成功實現為止。

七、鬥志。懷著**熱忱**投入所做之事，過程中不輕言放棄。

八、**自律**。在年輕人的故事中，他為了幫助親戚，暫時調整了個人計畫，便是自律的展現。

九、**加倍努力的習慣**，願意為了沒有酬勞的事盡心盡力。

十、**有計畫的努力**，事先規劃每一步，按部就班達成明確目標。

成功的人在勝利的光榮時刻，總會將成就歸功於天分或運氣，很少花時間思考一切的來龍去脈，了解自己成功的真正原因。

以卡內基為例，除非持之以恆地認真實踐成功法則算是一種「天分」，否則認識卡內基的人都知道，他的成功並不是因為任何天分或才華，而是因為他能善用成功學的各項法則。如果用放大鏡檢視卡內基的生涯，便會發現他的故事與年輕人的經歷並無太大不同，也沒有特別曲折離奇。

用同樣的方式分析福特、愛迪生，或是其他偉人的成功故事，也會得到同樣的結論。他們能有所成就，是因為他們清楚知道自己想追求什麼，也為了實現理想，積極貫徹成功法則。只要願意花時間鑽研成功法則，持續在生活中付諸實踐，任何平凡人都有成功的機會，這便是我在整部成功學中最想傳達的真理。

成功無所不在，這是另一個值得強調的事實。有人掌握成功法則、加以善用的地方，就能發現成功的蹤影。在先前的故事中，如果年輕人真的想找一個好地方發展事業，那個小城鎮絕對不會是他的首選。但是，他善用千古不滅的成功法則，讓一個名不見經傳的小鎮，變成蓬勃發展的「黃金寶地」。

同樣的故事也在紐約州的東奧羅拉（East Aurora）上演，這次的主角是美國著名作家阿爾伯特・哈伯德（Elbert Hubbard）。他五十年前在當地定居時，東奧羅拉平凡無奇，不過是美國上千個小鎮的其中一個。然而，哈伯德運用這一章描述的成功法則，帶動地方發展，讓東奧羅拉成為全國人民嚮往的居住地，也在過程中賺進一輩子花用不完的財富。

所有成功人士都有一個共通點：嚴格遵守「有計畫的努力」法則。少了這項法則的協助，也許一輩子都會走得很辛苦，收入只能滿足基本的溫飽，有些人甚至連維生都有困難。

不是每個人都能成為像卡內基、愛迪生或哈伯德一樣的偉人，但是即使資質平庸，只要願意將成功法則用在對的地方，人人都能有不凡成就。為了與知名偉人作對比，我們不妨以一個生活在北美十三州時期，住在某個小鎮的普通水電工為例。

水電工如何善用成功法則

在美國南方一個人口約一萬人的縣區，有個再平凡不過的人，靠著修水電事業闖出一片天。這個人的才能在各方面都不比一般人厲害，卻能成功開創事業，在當地成為有錢有勢的大人物，其中的過程實在值得我們深入分析。

資質普通的他當然沒什麼長才，從他身上也嗅不出任何成功的潛力。身為一家水電公司的員工，他在大家眼裡是個笨手笨腳、反應慢半拍的人，裝修管線的功夫也輸人一截。老闆認為他能力欠佳，決定讓他去當業務員和公關聯絡窗口，但是他在這方面也沒有任何出色表現。

雖然他沒有念大學，但至少有高中學歷，寫字也算清楚工整。老闆靈機一動，心想他也許能勝任記帳的工作，不料結果仍然差強人意。對於不盡理想的結果，老闆和員工都覺得很洩氣，但是員工開始動腦思考，知道哪些事自己做不來之後，他開始盤點個人特質與能力。在一個泛黃的信封袋背面，他寫下自己有哪些優點：

一、在儲蓄與理財上謹慎細心。

二、能精準算出雇用一名員工的成本。

三、能發掘他人的優點與長處。

四、做事有始有終，堅持到底。

五、能與其他員工相處融洽、同心協力。

平庸的水電工人看著眼前的信封袋，雖然難掩灰心之情，但他決定順從內心的想法，自己出來開一家水電公司。他用個人積蓄租了一間小型店面，宣布即將成立自己的水電公司。不久，舊公司最厲害的管線師傅便來找他，主動表示想加入他的公司，而且不管起薪多少都沒關係。

接著，這位創業家四處尋覓人才，聘了一個能幹的業務員與公關人員，後來又很快找到一個能幹的大學畢業生，能夠記帳與處理各種文書工作。他用自己精準的識人眼光，招聘了更多幫手來支援核心團隊，讓公司的大小事務順利完成。隨著業務量增加，他也不斷擴張組織編制，不過他在用人上絕不馬虎，一定會依照每個人的強項與專業，安排最適合的職務。

透過聰明的人才布局，他一步一步實現自己的明確目標，成功打造出當地首屈一指、生意最好的水電公司。不久之後，他就簽下多項金額龐大的契約，準備為新建的學校大樓與其他公共計畫提供服務。他細心監督一切作業，但公司的例行業務則全權交由會計人員處理。業務員找到不錯的潛在客戶之後，他會計算出一切成本，向客戶提出合作案。這家水電公司服務品質一流、總能如實履行契約，而且在處理客戶財務與文件上值得信賴，因此不過幾年的時間，便累積了良好的口碑與信譽，來自外縣市的客戶紛紛指名找他的公司合作。

創業家對節省開支非常有一套，為了持續提高生產效能，他開始尋找擴建廠房的機會。雖然目前用來辦公和存放水電材料的店面租金不高，他仍然決定之後若找到便宜又適合的空間，就要將所有營業利潤用來拓展事業規模。

在距離市區約三公里以外的地方，他發現了一個廢棄的紡織廠，不只屋頂會漏水，連一扇完好無缺的玻璃窗都沒有。不過，對於充滿抱負的創業家來說，這棟兩層樓的大工廠正合他意。他詢問工廠老闆租下整間廠房的租金，並解釋出租廠房能帶來穩定的收入，好過閒置不用，因此希望對方將工廠租給他。

工廠老闆起初認為將工廠租出去之前，自己得先進行大規模整修，因此要求的租金並不便宜。創業家聽了之後，表示自己打算以工廠目前的狀況承租，請工廠老闆告訴他可以接受的最低租金。結果對方說出的數字，竟然比自己現在的店租還要低，讓創業家暗自吃了一驚。他當機立斷，同意承租，並帶著自己的水電工人到工廠修理屋頂，將破損的玻璃窗全部換新，原本破舊的工廠立刻煥然一新。工廠老闆因為對廠房的整修情況非常滿意，主動提議延長租約，從原本一年的期限，延展為十年。

創業家擴大員工編制、增加水電材料庫存，進一步拓展經營規模。他在接下來幾年繳出非常亮眼的成績單。在短短十年之內，他取得工廠的所有權，還延攬了多位優秀師傅，各自都有他自嘆弗如的專業能力。他經常受邀參加各種管線工程的標案，無論是學校大樓、都市計畫，甚至鄰近縣市的大型建設計畫，都能在投標廠商名單上看到他的名字。公司的生意如此興隆，大都要歸功於客戶佳評如潮，對服務品質讚譽有加。

水電工人的成功故事一點也不特別，唯一特別的也許是他沒什麼過人之處。他的能力有限，無法自己做帳、自己推銷生意，甚至無法在一家水電行做個稱職的員工。作為一名水電工人，儘管他盡了全力，依然不改手腳笨拙的事實。但是，他對經商很有概念，能看到水電事業的發展前景，也能善用自身領導才能，讓大家願意團結合作。為了實現自己的明確目標，他全心全意投入，每一步都妥善規劃，每一分心力都不浪費，最後成功打造出一家堅實的企業。

如今，這位資質平平的創業家仍然以整修過的老舊紡織廠為據點，持續經營蒸蒸日上的水電事業，他的名聲在美國南部的五個縣區傳開，每個建築包商、生意人與家庭主婦都聽過他的名字。許多家庭主婦都說公司的水電工做事仔細，她們花錢花得心甘情願，而且打給公司之後，半個小時內就會有水電工師傅到府服務。

這些事情發生的時間點，約介於第二次世界大戰至戰後，儘管時局動盪，這家水電公司卻安然度過每一波經濟衰退，公司財務穩健，生意更是不減反增。

既然如此，誰說有抱負的人有志難伸、沒有發展機會呢？這位水電工人沒什麼長處，只有高中畢業，除了自己工作賺來的錢，沒有人給他半點創業資金。他的成就恰恰證明了心懷明確目標，以及做事穩紮穩打的重要。

卡內基在分析各項成功法則時指出，智囊團是集結眾人之力、提升個人力量的不二法門，他也坦言善於發掘人才、打造符合自己需求的智囊團，是他能成就不凡的關鍵。然而他一再強調成功首要來自「有計畫的努力」。

要實踐「有計畫的努力」法則，固然需要其他成功法則的幫忙，也得依據不同情況調整搭配，以求發揮最佳效果。儘管如此，「有計畫的努力」法則對於一切卓越成就而言，扮演相對重要的角色。

在這一章最精華的段落，我想與各位讀者分享一句俗諺：「事前先規劃，做事照計畫。」沒有什麼能取代恆心與持續付諸行動的重要，即使不知道其他成功法則，過去也有人光是秉持恆心、努力不懈，就躋身成功人士之列。不過，明確、有條理的計畫還是不能少，千萬別忘記了。

美國主義是高度有組織的系統

我們的經濟制度鼓勵眾人發揮所長、運用自身學識與經驗，不斷力爭上游、造就自己的人生高峰。

身為公民，我們享有國家保障的各項基本權利之時，也應該深入了解國家社會的核心價值。

民主國家賦予人民如此多元的權利，然而這些基本人權是前人揮灑血汗、奮鬥而來的成果，是手足同胞血戰沙場、誓言保護的權益——他們當初投入戰爭，只為了保護「有計畫的努力」法則，讓我們能繼續享有各種權利。能享有力爭上游的自由，是因為政府宣揚的精神裡，有「努力」兩個字。

美國的業界領袖了解由卡內基、愛迪生與福特等人的成功法則，也深諳其重要價值。他們自己正是因為這些法則，才能成為傑出的領導者。不只如此，他們也鼓勵部屬學習成功學，展現了無私的精神與高明遠見。

一個真正的領導者會勉勵下屬把握發揮進取心的機會，也會積極幫助同仁力爭上游。為了鼓勵眾人積極作為，整套制度也提供了各式各樣的獎勵與報酬。因此，可以說美國業界的領導者深信，無論職位高低，每一位勞工都應該能自由發揮進取心，公司也應該從旁鼓勵、提供誘因。產業如此發達強盛，是因為社會鼓勵民眾自動自發、攀爬通往成功的階梯。

這本書講述的成功法則不單指建立民主自由的美國精神，同時也是美國主義的展現。透過實踐成功法則，除了能提升自我、開創成功，也能讓分化社會、操弄民心的邪惡力量無所遁形。

事前先規劃，做事照計畫。

Plan your work, and work your plan.

正如卡內基所說，美國的財富不只包含天然資源，還有業界領導者用以開發資源的知識、經驗與才能。美國今日與建國當時的唯一差別，在於許多業界領袖為國家創造了更多繁榮與富足。透過進取心，他們推動產業發展，也為美國主義奠定了穩固根基。

為社會做出貢獻，其實是財富的最高形式！渴望累積財富的人千萬要記得這一點。如果想立法限制個人積極進取的自由，最後只會摧毀創造一切財富的源頭。

一個預言家能預知未來，是因為他能貫通古今、鑑往知來！然而，我們不用成為厲害的預言家，只要回顧過去幾年的歷史，事實便昭然若揭。

當社會處於風雨飄搖之中，惟有發揮「有計畫的努力」法則守護國家，才能讓我們免於失去珍惜的一切。

我們必須果決行動，實踐這一章的「有計畫的努力」法則，「事前先規劃，做事照計畫」。

作者簡介

拿破崙・希爾於一八八三年生於美國維吉尼亞州懷斯郡（Wise County）。他曾任祕書、地方報社記者、礦場與伐木場經理。法學院畢業後，他開始在《鮑伯・泰勒雜誌》出版社擔任記者，因此有機會採訪美國鋼鐵大王安德魯・卡內基，人生也自此改變。

卡內基鼓勵希爾訪問當代傑出的企業家、發明家與政治家，透過分析他們的心路歷程，統整出開創成功人生的重要法則。希爾接下了這項任務，投入二十年時間研究成功學，寫出《成功法則》，以及打造財富人生的暢銷經典著作《思考致富》。身為享負盛名的勵志大師，希爾的職涯豐富多變，之後擔任作家、雜誌出版業者、講師與高階企業主管顧問等職，一九七〇年於南卡羅萊納州逝世。

脫下帽子向過去致敬；捲起衣袖動手創造未來。

——丹・克勞福德（Dan Crawford）

Hats off to the past; coats off to the future.

國家圖書館出版品預行編目(CIP)資料

行動致富：富足人生，不能只靠空想/拿破崙．希爾(Napoleon Hill)作；謝孟庭譯. -- 初版. -- 臺北市：遠流出版事業股份有限公司, 2022.05
面；　公分
譯自：Wishes won't bring riches.
ISBN 978-957-32-9433-7(平裝)

1.CST: 自我實現 2.CST: 成功法

177.2　　111000421

【拿破崙・希爾實用成功學】

行動致富

富足人生，不能只靠空想
Wishes won't bring riches

作　　者——拿破崙・希爾 Napoleon Hill
譯　　者——謝孟庭

主　　編——許玲瑋
中文校對——魏秋綢
封面設計——兒日設計
排　　版——立全電腦印前排版有限公司

發 行 人——王榮文
出版發行——遠流出版事業股份有限公司
地　　址——104005 台北市中山北路一段11號13樓
電　　話——（02）2571-0297　　傳　　真——（02）2571-0197
著作權顧問——蕭雄淋律師
遠流博識網 http://www.ylib.com

ISBN 978-957-32-9433-7
2022年5月1日初版一刷　　定價500元